Adam J. Jackson

Los diez secretos de la Salud Abundante

Una parábola moderna de salud y
sabiduría que puede cambiar tu vida

editorial Sirio, s.a.

Si este libro le ha interesado y desea que lo mantengamos informado de nuestras publicaciones, escríbanos indicándonos cuáles son los temas de su interés (Astrología, Autoayuda, Esoterismo, Qigong, Naturismo, Espiritualidad, Terapias Energéticas, Psicología práctica, Tradición...) y gustosamente lo complaceremos.

Puede contactar con nosotros en
comunicación@editorialsirio.com

Título original: THE TEN SECRETS OF ABUNDANT HEALTH
Traducido del inglés por Editorial Sirio
Diseño de portada: María Pérez Aguilera

© de la edición original
  1996, Adam J. Jackson

© de la presente edición
  EDITORIAL SIRIO, S.A.
  C/ Panaderos, 14
  29005-Málaga
  España

  EDITORIAL SIRIO
  Nirvana Libros S.A. de C.V.
  Camino a Minas, 501
  Bodega nº 8,
  Col. Lomas de Becerra
  Del.: Alvaro Obregón
  México D.F., 01280

  ED. SIRIO ARGENTINA
  C/ Paracas 59
  1275- Capital Federal
  Buenos Aires
  (Argentina)

www.editorialsirio.com
E-Mail: sirio@editorialsirio.com

I.S.B.N.: 978-84-7808-728-0
Depósito Legal: B-23.351-2010

Impreso en los talleres gráficos de Romanya/Valls
Verdaguer 1, 08786-Capellades (Barcelona)

Printed in Spain

Este libro está dedicado, con amor y gratitud, a la memoria del doctor Emil Just; a su bella esposa, Edith, y a Fred Kurgen, tres personas muy especiales que me inspiraron y me guiaron en mi trabajo.

AGRADECIMIENTOS

Quisiera dar las gracias a todas aquellas personas que me han ayudado en mi trabajo y en la creación de este libro. Estoy especialmente agradecido a:

Mi agente literaria, Sara Menguc, y su asistente, Georgia Glover, por toda su dedicación y sus esfuerzos.

A todos en Thorsons, pero especialmente a Erica Smith por su entusiasmo y sus comentarios constructivos, así como a Fiona Brown, que editó el manuscrito.

A mi madre, que siempre me animó a escribir y sigue siendo una fuente constante de inspiración y de amor; a mi padre por su ánimo, su guía y su ayuda en mi trabajo, y a toda mi familia y a mis amigos por su amor.

Y finalmente a Karen, mi esposa, mi mejor amiga y mi correctora más sincera. No puedo expresar en palabras mi amor por la persona que siempre tuvo fe en mí y siempre creyó en mi trabajo.

INTRODUCCIÓN

Los médicos del futuro no recetarán medicinas; en lugar de ello despertarán el interés de sus pacientes en el cuidado del cuerpo humano, en la dieta y en la causa y la prevención de las enfermedades.

THOMAS EDISON

Todos deseamos tener buena salud; sin embargo, ¿por qué será que hay tan pocas personas saludables? ¿Por qué motivo, a pesar de los avances de la medicina moderna y del crecimiento en las ventas de medicamentos, problemas como el cáncer, las enfermedades del corazón, la diabetes, el asma o los desórdenes nerviosos no dejan de aumentar con cada década que pasa? ¿No será que estamos buscando la salud en lugares equivocados?

Yo creo que todos somos responsables de nuestra salud y de la salud de nuestros hijos, que todos nosotros tenemos la capacidad de crear en nuestras vidas no sólo salud, sino Salud Abundante. La Salud Abundante no es simplemente un estado del ser, libre de cualquier dolencia identificable —a muchas personas no se les ha diagnosticado ninguna enfermedad; sin embargo, se sienten cansadas, decaídas y sin ánimo—, sino más bien un estado de abundante bienestar, energía y vitalidad, que nos permite vivir la vida plenamente. Al contrario de lo que ocurre en la mayoría de las parábolas, los personajes de este libro están basados en seres reales (con la excepción del anciano chino, que es una composición de varios hombres y mujeres sabios que he conocido). Por supuesto, he cambiado sus nombres, pero todos ellos vencieron a sus enfermedades y lograron la salud tal como describo en cada uno de los capítulos. Espero que sus historias te empujen a pasar a la acción, a fin de que también tú puedas experimentar en tu vida las bendiciones de la Salud Abundante.

ADAM J. JACKSON
Hertfordshire,
marzo de 1995

EL PACIENTE

Cuando salió de la consulta del médico, el rostro del joven estaba pálido. Su mano tembló al cerrar la puerta tras de sí y sus ojos se fueron empañando con cada paso que daba. Miró hacia el frente como quien mira al vacío, sin ser consciente de nada de lo que le rodeaba, mientras caminaba por el pasillo hacia la zona de recepción, en la clínica universitaria. De pronto se sintió muy débil, todo empezó a dar vueltas y lo único que pudo hacer fue llegar al banco más cercano y derrumbarse sobre él.

La lluvia batía con fuerza contra los cristales de los grandes ventanales junto a la entrada, mientras una amarga pregunta le venía a la mente una y otra vez. Era la misma pregunta que mucha gente se hace cuando se enfrenta a una crisis semejante: ¿por qué yo? ¿Por qué a mí?

No era consciente de que las preguntas centradas en el pasado y en el dolor nunca pueden generar respuestas válidas para el futuro. Ese tipo de preguntas tan sólo nos pueden llevar a más sufrimiento y a más angustia. Finalmente, no pudo contener las lágrimas que se habían estado acumulando en su interior.

Parecía que todo había ocurrido tan rápido..., casi de un día para otro. Acababa de terminar sus estudios en la universidad, y había aprobado todos los exámenes con muy buenas calificaciones. Un maravilloso futuro se extendía ante él, pero ahora lo más importante de su vida se venía abajo: la salud.

Se dice que la salud es nuestro bien más preciado, pero al mismo tiempo es también algo que solemos dar por sentado y, por este motivo, no nos ocupamos de ella. Es frecuente que la gente cuide más de su coche que de su propio cuerpo, y este joven no era la excepción.

Pero la salud es algo que no se puede abandonar para siempre. Antes o después llega un día en el que nos vemos forzados a sentarnos y a pensar de nuevo en ella, y éste era un día así para el joven. En su mente seguía escuchando las palabras de despedida del médico: «No se puede hacer nada... Lo siento. No tiene cura».

En un instante su vida había dado un vuelco de ciento ochenta grados y él sentía que nunca más volvería a ser igual que antes.

Y así, con la cabeza entre las manos, sentado en un rincón del vestíbulo de la facultad, desesperado, asustado y solo, el joven hizo algo que no había vuelto a hacer desde sus años infantiles... oró. Pero la suya no fue una oración ordinaria; era una oración que surgía de lo más profundo de su corazón: «Dios mío, por favor, ayúdame. Muéstrame el camino que debo tomar».

La oración nos trae un misterioso poder, una energía intangible que conecta al espíritu con un poder más elevado. Un poder que, si es correctamente canalizado, vence cualquier problema y remedia cualquier enfermedad. La comunicación de la mente y el espíritu con la Divinidad trae paz, proporciona una calma que trasciende cualquier malestar, y con frecuencia, si la oración es sincera y la fe suficientemente sólida, ocurre un milagro... y llega una respuesta.

EL ENCUENTRO

—Pareces preocupado. ¿Te puedo ayudar?

Al volverse, el joven vio que quien le había hablado era un anciano chino, delgado y de corta estatura, que estaba en pie junto a él. Tenía los ojos oscuros y una cabeza calva, a no ser por los cabellos totalmente blancos que le cubrían los lados.

—Estoy bien, muchas gracias –musitó.

Sin embargo, el anciano se sentó a su lado.

—En mi país, creemos que todo problema trae consigo un regalo.

—Con mi problema no viene ningún regalo –respondió el joven.

—¡Oh, te aseguro que sí! –replicó su nuevo compañero–. A veces el regalo es difícil de ver, pero siempre está. Incluso en la enfermedad.

El joven se quedó asombrado. ¿Qué sabía aquel anciano? ¿Por qué se había referido a «la enfermedad»? Se volvió hacia él, pero no recordaba haberlo visto antes, aunque había algo en él que le resultaba familiar. No era su aspecto, pues no habría olvidado un rostro así. La suya era una cara amable, con cierta calidez en los ojos. Tal vez era su voz, aunque también estaba seguro de que recordaría su suave acento oriental. No, no sabía qué era, pero el hecho es que aquel anciano le resultaba muy conocido. Pensó que debía de ser alguno de los profesores extranjeros que visitaban la universidad en su año sabático para dar conferencias.

—¿Qué regalo puede traernos la enfermedad? —murmuró el joven.

—Con frecuencia el sufrimiento nos desvela grandes alegrías. Al igual que la oscuridad de la noche prepara el camino para el amanecer y los dolores del parto anuncian el mayor milagro de la naturaleza, es a través de la enfermedad como recibimos el regalo de la Salud Abundante.

El joven estaba confundido. «¿Cómo es posible que la enfermedad produzca salud?», pensó, pero antes que pudiera preguntarlo, el anciano continuó:

—La enfermedad es simplemente la forma que el cuerpo tiene de curarse a sí mismo. Cuando estás resfriado o tienes gripe, eso te indica que tu organismo está luchando contra una invasión de microbios. Cuando tienes dolor de estómago, el cuerpo te está diciendo que has comido algo o has hecho algo que te ha molestado. Incluso el dolor de espalda suele ser simplemente la forma que el cuerpo tiene de decirnos que un músculo está estresado y necesita reposo. El malestar, el dolor y la enfermedad, en realidad, son nuestros amigos. Son los mensajeros de Dios que nos avisan de que algo está mal y debe arreglarse. El dolor es una voz que grita buscando ayuda para nosotros.

—Bueno, yo podría pasarme perfectamente sin esa voz —interrumpió el joven.

—¿Crees que podrías? —preguntó el anciano—. Imagina cómo sería tu vida si no pudieras percibir ningún dolor. Antes de que pudieses darte cuenta estarías muerto. Un día podrías estar sentado junto al fuego y al mirar hacia abajo descubrir que tu brazo está totalmente quemado, todo por no percibir la voz del dolor diciéndote que quites el brazo de ese lugar.

»La mayoría de la gente cree, como tú, que el dolor es su peor enemigo y por ello trata de matarlo o de silenciar su voz con medicamentos. Pero tan sólo acabando con el dolor nunca se soluciona el problema. Si no se elimina la causa de la enfermedad, ésta siempre empeorará. Al final, cada vez será necesaria una medicación más fuerte para matar al dolor, y esos medicamentos con frecuencia crean otros problemas adicionales.

El joven pensó en su propia experiencia. Ciertamente los síntomas aumentaron cuando empezó con el tratamiento que el médico inicialmente le recetó.

—Pero ¿y si se trata de una enfermedad incurable? ¿Dónde está entonces el regalo?

—Hay muy pocas enfermedades incurables —respondió el anciano—. Lo que sí hay es muchos pacientes incurables. Son personas que no quieren curarse o no son capaces de permitir que eso ocurra.

—Yo creo que todo el mundo quisiera permanecer sano —argumentó el joven.

—En su mente consciente tal vez sea así, pero en su mente subconsciente, a veces no lo es. Si todo el mundo quisiera permanecer sano, ¿seguirían realizando actos nefastos para su salud? ¿Destruirían su salud fumando, tomando demasiado alcohol y alimentándose con comida basura?

—Entiendo lo que quiere usted decir —respondió el joven.

—Cuando esa gente se pone enferma, se niega a cambiar su estilo de vida; en lugar de ello, se aferra a sus hábitos nefastos hasta llegar a un punto en que el daño ya no puede ser revertido. Estas personas son incurables desde el primer momento de su enfermedad. Lo incurable no es la enfermedad, sino que son las personas las que se convierten a sí mismas en incurables. Estas gentes no están interesadas en tener una buena salud, sino tan sólo en evitar el dolor y la enfermedad.

—Pero la salud debe de ser algo más complicado que todo eso —argumentó el joven.

—Realmente no lo es. De hecho, es algo muy sencillo. ¿Por qué crees que la gente enferma en primer lugar? —preguntó el anciano.

—No lo sé. Son cosas que simplemente ocurren. ¿No es así? Eso es lo que me dijo mi médico. Supongo que se tratará del destino o de la mala suerte.

—¿Realmente? ¿No crees que toda enfermedad tiene un motivo?

—No estoy seguro.

El anciano miró al joven y le preguntó:

—¿Conoces algún hecho que ocurra en la naturaleza sin que haya algo que lo cause? Mira ahí fuera la lluvia. ¿Cae por casualidad? ¿Se forman las nubes sin más? —El anciano continuó—: En la Naturaleza hay unas leyes determinadas. El agua comienza a hervir a los 100 grados centígrados, no a los 99 ni a los 101, sino exactamente a los 100. Del mismo modo, se congela a los 0 grados.

A continuación sacó una moneda de su bolsillo, diciendo:

—Si suelto esta moneda, ¿qué ocurrirá?

—Caerá al suelo —dijo el joven.

—¿Por qué caerá? ¿Por el azar, o por su mala suerte?

—Por supuesto que no; caerá porque es más pesada que el aire. Por la ley de la gravedad —respondió el joven.

—Exactamente —confirmó el anciano—. La ley de la gravedad no es sino una de las muchas leyes de la naturaleza. Si una persona fuma, ¿crees que tendrá los pulmones sanos?

—Por supuesto que no —respondió el joven.

—La gente que toma sólo comida basura, ¿crees que está bien alimentada?

—No. Ya veo lo que quiere usted decir —asintió el joven—, pero ¿y los virus? ¿Y los microbios? Ellos son los que causan las enfermedades. ¿Tienen algo que ver con nuestro estilo de vida?

—Los microbios son como las ratas —explicó el anciano—: se acumulan sólo en los ambientes poco sanos. La mejor forma de garantizar que haya ratas en tu casa es no limpiándola. Si mantienes tu hogar limpio, no las atraerá, pues no encontrarán en él nada que comer.

—Pero a veces la gente atrapa microbios –argumentó el joven.

—Por sí mismos los microbios no causan las enfermedades. Si fuera así, todos los que tienen una enfermedad tendrían los mismos microbios y todos los que tuviesen ese tipo de microbios en su sangre tendrían la enfermedad. Sin embargo, nada de eso es cierto. Al igual que las ratas se alimentan de los materiales de deshecho acumulados alrededor de la casa, los microbios se alimentan de los materiales de deshecho acumulados alrededor y en el interior del cuerpo. Y del mismo modo que las ratas no pueden sobrevivir en un ambiente limpio, porque no encuentran en él nada que les sirva para alimentarse, los microbios no pueden sobrevivir en una corriente sanguínea sana.

»La gente se preocupa demasiado por los microbios y no se preocupa lo suficiente por el medio ambiente que *atrae* a los microbios. Por mucho que uno lo intente no se librará de las ratas, salvo que antes elimine todo aquello que pueda servirles de comida.

»Por eso la salud sólo puede ser creada y la enfermedad sólo puede ser vencida siguiendo un modo de vida sano. Toda salud y toda curación tienen que comenzar por un cambio de vida, a fin de seguir las leyes de la naturaleza.

—Tiene sentido, pero parece demasiado sencillo –dijo el joven.

El anciano sonrió.

—Es que es sencillo. Es muy sencillo y sin embargo, para muchos, muy difícil de entender. En la naturaleza hay ciertas leyes fijas e inmutables, que si son respetadas crean la salud y del mismo modo, si no lo son, producen la enfermedad.

El joven podía ver que lo que decía el anciano tenía sentido, pero no alcanzaba a comprender adónde llevaba la lógica de su razonamiento.

—Déjame explicártelo –dijo el anciano–. Toda enfermedad debe tener una causa, ¿no es así?

—Sí, supongo que sí –admitió el joven.

—Luego para que la enfermedad desaparezca será necesario eliminar la causa que la generó, ¿no crees?

El joven asintió, como si estuviese parcialmente de acuerdo, por lo que el anciano continuó:

—Mira aquel hombre –dijo, señalando a un señor que estaba sentado solo, en un banco–. Hace diez años comenzó a sufrir de migrañas cada semana. Dichas migrañas estaban causadas por su alimentación. Comía grandes cantidades de chocolate, de queso y de carne, y además tomaba bastante alcohol cada día. Podría haber eliminado las migrañas cambiando simplemente de dieta, pero en lugar de ello eligió tomar medicamentos para suprimir sus dolores.

»Un año después comenzó a necesitar medicamentos más fuertes, los cuales le elevaron la presión sanguínea, por lo que entonces le tuvieron que recetar otros medicamentos para controlar la presión. Hoy sufre de una enfermedad llamada aterosclerosis, es decir, endurecimiento de las arterias, que ha puesto en peligro su corazón y le ha cambiado totalmente su calidad de vida. Tiene que tomar diversas pastillas cada día y no puede correr ni caminar con rapidez. Ahora le van a poner un marcapasos. Y lo peor es que sigue sufriendo de migrañas, y con más frecuencia que antes. Ha llegado a esta situación porque eligió matar el dolor inicial en lugar de eliminar la causa de su problema.

»Mira, la verdadera curación nunca nos la dan las pastillas ni las cápsulas. La salud no está en ningún tarro ni en ningún bisturí de cirujano. Por supuesto, no estoy diciendo que ciertas medicinas y que la cirugía no tengan su lugar —en situaciones de crisis pueden salvar vidas—, pero por sí mismas nunca *crean* la salud. Nada fuera de nuestro cuerpo puede curarnos o darnos la salud.

—Entonces, si los medicamentos no crean la salud, ¿qué la crea? —preguntó el joven.

—Bueno, vamos a ver —dijo el anciano—. Imagínate por un momento que estás clavando un clavo en una pared para colgar un cuadro, cuando por accidente te machacas el pulgar y sientes un gran dolor. ¿Crees que mejorará?

—Sí, por supuesto —respondió el joven.

—Sin pastillas ni ungüentos tu dedo se curará, ¿no es así? El joven asintió.

—Pero ¿por qué? —preguntó el anciano.

—Lo hace sin más —respondió el joven.

—Ah, ¿lo ves?, «lo hace sin más» porque tu cuerpo posee una fuerza curativa en su interior que cura cualquier dolencia —dijo el anciano—. Pero ¿qué ocurriría si al día siguiente te volvieses a machacar el mismo dedo y al día siguiente otra vez y a partir de entonces un día sí y uno no te machacaras el dedo con un martillo? Una vez y otra y otra. ¿Crees que mejorarías?

—No, si sigo machacándolo, no.

—Por supuesto que no, porque no habrías eliminado la causa del dolor y las fuerzas curativas de tu cuerpo no pueden ponerse en funcionamiento hasta que se elimine la causa del problema. Sin embargo, una vez que dejes de machacarte el dedo, se curará él solo, gracias a la maravillosa fuerza curativa que existe en tu interior.

»Lo mismo ocurre en toda la naturaleza. Cuando la rama de un árbol se desgaja, el árbol sangra y rápidamente se repara a sí mismo. Todos poseemos en nuestro interior una fuerza curativa que siempre, si las condiciones son adecuadas, sana el cuerpo de toda enfermedad y dolencia, pero para actuar necesita que las condiciones sean propicias.

»Cada día, durante toda la jornada, muchas personas se están machacando el interior de su cuerpo con pequeños martillos a través de sus malos hábitos, con lo cual están creando cada vez más enfermedad. Para eliminar esas dolencias todo lo que deben hacer es dejar de machacarse. Si eliminamos la causa de la enfermedad estaremos eliminando la propia enfermedad.

»Amigo mío, en este mundo tan sólo puedes cosechar aquello que antes sembraste. Es la ley de causa y efecto. Tienes, y siempre has tenido, el control de tu destino. Por eso el camino hacia la salud comienza con la comprensión de que tú has creado tu propio estado de salud o de enfermedad, y por lo tanto también tú puedes cambiarlo.

»Cada persona posee la capacidad no sólo de curarse a sí mismo, sino también de crear la Salud Abundante... Simplemente cambiando su estilo de vida. Todo lo que se necesita es ser consciente de las leyes de la naturaleza y aceptar que uno es el responsable de su estado de salud. Nadie más lo es: los médicos, los padres, los maestros, los terapeutas, ninguno de ellos es el responsable de tu salud. En el momento en que aceptas la responsabilidad de tu propia salud estás comenzando a vencer a la enfermedad y a crear en tu vida la Salud Abundante.

Para el joven, todo empezaba ya a tener sentido. Nunca había pensado que su salud era creada o destruida por sus propias acciones. Por lo tanto, nunca se había preocupado de aprender qué era lo que su cuerpo necesitaba para mantenerse saludable.

El joven miró atentamente a su acompañante y por primera vez se dio cuenta de que no era en absoluto un anciano común. Los ancianos, pensaba él, se supone que caminan inclinados, frágiles y temblorosos; suelen estar enfermos; sin embargo, este anciano en particular se mantenía erecto y fuerte. De hecho, su apariencia era sorprendente para un hombre de su edad. Su piel parecía resplandeciente y sus ojos eran brillantes, casi chispeantes. El joven nunca había visto una energía semejante en nadie, y mucho menos en una persona mayor. Teniendo en cuenta su aspecto, sin duda había algo de verdad en lo que había estado diciendo.

—Recuerda –dijo el anciano–, todos tenemos el poder de vencer a la enfermedad y de crear Salud Abundante en nuestra vida. La Salud Abundante es mucho más que la mera ausencia de enfermedad. Es energía, es fuerza y es el placer de vivir y de disfrutar la vida.

»Todo lo que tienes que hacer es vivir en armonía con las leyes de la naturaleza. Todo en el universo está gobernado por leyes concretas... incluso tu salud. Estas leyes contienen los secretos que poseen el poder de vencer a toda enfermedad y de crear la Salud Abundante en nuestras vidas.

—¿Cuáles son esos secretos? —preguntó el joven.

—Son los secretos de la Salud Abundante —respondió el anciano, mientras escribía en un papel una lista de diez nombres y diez números de teléfono—. Ponte en contacto con estas personas, y ellos te enseñarán lo que deseas aprender. Todos ellos conocen y dominan los secretos de la Salud Abundante.

»Pero recuerda lo que te voy a decir, pues en lo referente a la salud y la enfermedad, nada es más simple ni más importante: cada síntoma tiene una causa. Por lo tanto, si eliminas la causa, el síntoma desaparecerá. Así, toda dolencia tiene un remedio, del mismo modo que todo problema tiene una solución.

»Ya lo dice la Biblia: «Los que pidan recibirán; ante los que llamen, la puerta se abrirá, y quienes busquen encontrarán». Por lo tanto, busca tu salud con todo tu corazón y puedes estar seguro de que la encontrarás.

Tras pronunciar estas palabras, el anciano le dio un papel al joven. Éste examinó la lista de diez nombres durante unos segundos, y cuando levantó la vista hacia el anciano, vio que a su lado no había nadie. El anciano chino había desaparecido tan rápidamente como apareció.

Había muchas cosas que el joven hubiera querido todavía saber, por lo que fue directamente a la oficina de administración y preguntó quién era el profesor chino y dónde podía encontrarlo.

—No sé de quién me está hablando —le dijeron en la administración—. En este momento no hay profesores visitantes chinos, ni japoneses, ni taiwaneses, ni de ningún país asiático.

—¿Está seguro? —insistió el joven.

—Por supuesto que estoy seguro. De hecho, la única persona china en toda la universidad es la señora Chang, en el departamento de matemáticas. Y ya lleva con nosotros más de cinco años.

El joven se quedó perplejo. ¿Quién era entonces aquel anciano? ¿De dónde había salido? Y lo más importante, ¿sería posible que tuviese razón? ¿Existirían realmente las leyes de la Salud Abundante? Todo había ocurrido tan rápido que podría haber sido un sueño, y el anciano una simple creación de su imaginación. Pero al mirar hacia abajo supo que todo era real, que su encuentro no había sido un sueño. La prueba estaba en sus manos: un trozo de papel con una lista de diez nombres y diez teléfonos.

El poder de la mente

El primer nombre de la lista era una mujer llamada Karen Selsdon. Sin perder tiempo, el joven la llamó por teléfono mientras volvía a su casa desde la universidad. Le relató lo ocurrido y ella pareció entusiasmada con la idea de hablar con él. Acordaron encontrarse el día siguiente a las tres de la tarde.

Durante toda la mañana, el joven no consiguió dejar de preguntarse qué le traería aquel primer encuentro. Finalmente, a las tres de la tarde, se hallaba ya sentado frente a su primera maestra. La señora Selsdon era psicóloga clínica, estaba casada y tenía dos niños pequeños. El joven no entendía que la psicología tuviese algo que ver con su salud. Hasta donde él sabía, su problema no era psicológico.

—¿De modo que deseas aprender las leyes de la Salud Abundante? —le preguntó la psicóloga al joven.

—¿Realmente existen esas leyes? —quiso saber él.

—Por supuesto —respondió la señora Selsdon—. Todo en la naturaleza está gobernado por leyes. Las leyes de la Salud Abundante son muy concretas y han estado con nosotros desde el principio de los tiempos. Una vez las conocemos y sabemos cómo funcionan, podemos vencer cualquier enfermedad y crear un nivel de salud que la mayoría de la gente tan sólo puede soñar.

»En la creación de la salud inciden muchas facetas, pero en la que yo estoy más cualificada y la que mayor impacto tuvo en mi vida es el poder de la mente. Con frecuencia la gente cree que la mente tan sólo afecta a nuestras emociones y a nuestra salud mental; sin embargo, la verdad es que es en ella donde se origina toda la salud, tanto mental como física. Y también toda enfermedad.

—¿Por qué es tan importante la mente? —preguntó el joven.

—Porque la mente controla al cuerpo. En todo momento puedes ver su poder. Cuando alguien está avergonzado, su rostro enrojece. Cuando tiene miedo, se vuelve pálido. Cuando está muy nervioso, las palmas de las manos sudan y las rodillas tiemblan. Todo esto son ejemplos muy obvios de las muchas maneras en que la mente afecta a nuestro cuerpo. Te voy a mostrar algo. Cierra los ojos durante un momento y trata de imaginarte un limón.

El joven se reclinó en su silla y cerró los ojos.

—Muy bien, ya veo el limón —dijo.

—Ahora imagínate que muerdes ese limón.

El rostro del joven hizo un gesto mientras imaginaba que sus dientes estaban realmente mordiendo un limón verdadero.

—¿Ves lo poderosa que es tu mente? —dijo la señora Selsdon—. Aunque el limón era imaginario, tu cuerpo ha reaccionado como si fuese real. Tal es el poder de la mente. Tu mente controla tus pensamientos, y tus pensamientos controlan todo tu cuerpo. Exactamente del mismo modo que podemos usar el poder de la mente para crear saliva en nuestra boca, podemos emplearlo para potenciar nuestro sistema inmunológico, incrementando la producción de células blancas en la sangre, y podemos también utilizar ese mismo poder para aliviar el dolor, para eliminar problemas cutáneos e incluso para ayudar a curar muchas enfermedades, entre ellas el cáncer.

»Cuando oí esto por primera vez era tan escéptica como tú lo eres ahora. Pero créeme, el poder de mi mente me ayudó a salvar la vida. Hace diez años tenía un tumor maligno en el cerebro. El médico me dijo que estaba tan avanzado que sería muy peligroso operar. No se podía hacer nada ya, y me dieron menos de un año de vida. Como imaginarás, estaba desolada y realmente pensé que iba a morir. Sin embargo, como ves, sobreviví.

—¿Qué ocurrió? —preguntó el joven.

—Encontré a un hombre que me ayudó a salvar la vida. ¡Un pequeño anciano chino!

El joven sintió un escalofrío en la columna vertebral. De haber pensado en ello, se habría dado cuenta de que era simplemente otro ejemplo de cómo la mente afecta al cuerpo.

—Lo encontré en la biblioteca –continuó la señora Selsdon–. Por aquel entonces yo era ayudante de bibliotecaria y trabajaba en la sección de libros de referencia. Un día llegó el anciano preguntando por un libro sobre visualización creativa, y por otro acerca del poder curativo de la mente.

»No teníamos esos libros, por lo que tuve que pedirlos. Normalmente cuando pedimos libros tardan una semana o algo más en llegar; sin embargo, en esa ocasión, la mañana siguiente estaban sobre mi escritorio. Sus títulos me llamaron la atención, por lo que comencé a leer ambos libros yo misma. Uno de ellos estaba escrito por un médico y, en esencia, venía a decir que la mayoría de las enfermedades pueden ser curadas con el poder de la mente. Trataba un gran número de casos, entre ellos pacientes con tumores cancerosos que habían logrado sobrevivir y liberarse de su cáncer, simplemente utilizando el poder de sus mentes. Parecía algo increíble, pero decidí probar yo misma las técnicas sugeridas.

—¿Qué fue exactamente lo que hizo? –preguntó el joven, deseoso de saber más.

—Bueno, en primer lugar hice lo que se llama «visualización creativa». Es una técnica en la que uno crea imágenes curativas en la mente. Imaginé con todo detalle el tumor que había en mi cabeza y luego que una especie de pequeños tiburones lo devoraban. Cada mañana y cada noche me acostaba o me sentaba en un cómodo sillón durante quince minutos e imaginaba cómo el tumor iba siendo devorado. Al final de cada sesión realmente me sentía mejor y más fuerte.

—¿De verdad? —preguntó el joven.

—Sí, de verdad. Puedes probarlo tú mismo. De hecho, ¿por qué no hacemos una rápida sesión aquí y ahora? Cierra los ojos y haz algunas respiraciones profundas... Así está bien... Ahora visualiza en tu mente tu problema de salud... Imagina que lo están aniquilando. Puedes utilizar cualquier tipo de imagen que desees: armas, extraterrestres, vaqueros e indios, lo que se te ocurra. Puedes incluso imaginar que tu problema se disuelve como una barra de hielo al sol. No importa las imágenes que utilices, lo importante es que visualices que tu cuerpo se cura.

El joven se imaginó barcos de guerra en su interior disparando misiles al objetivo, y luego se imaginó a sí mismo sintiéndose sano y fuerte. Tras unos minutos, la señora Selsdon le dijo que se detuviera.

—¿Cómo te sientes ahora? —le preguntó.

—No lo va a creer —exclamó él—. Estoy muy relajado y me siento como si tuviese un poco más de energía que antes.

—Bien. Así es como te debes sentir. Ahora imagínate cómo te sentirías si realizaras este ejercicio durante un tiempo más, digamos entre quince y veinte minutos, y dos o tres veces cada día.

—Entiendo lo que quiere decir —reconoció el joven.

—Hay otra técnica muy importante que también usé para poder utilizar mejor el poder de mi mente. Son las llamadas «afirmaciones curativas» —dijo la señora Selsdon.

—Lo siento, pero ya me he perdido. ¿Qué son las afirmaciones curativas? —preguntó el joven.

—Una afirmación es una frase muy sencilla que tú eliges para «afirmártela a ti mismo». Es decir, la tienes que repetir una y otra vez, ya sea en voz alta o mentalmente, aunque su efecto es mayor si se hace de viva voz.

—¿Y cómo funciona eso? –preguntó el joven.

—Mira, cuando repites algo muchas veces, llega a quedar impreso en tu mente. No puedes evitar imaginarte aquello que dices. Por ejemplo, si te pido que no pienses en elefantes vestidos con faldas de color blanco y lunares rojos, ¿qué imagen te viene a la mente?

El joven automáticamente imaginó en su mente un enorme elefante vestido con una falda blanca de lunares rojos.

—Entiendo lo que quiere decir –repuso–. No puedo dejar de pensar en ello. Entonces, lo que me está diciendo es que repitiendo una afirmación curativa una y otra vez, mi mente no podrá evitar centrarse en la curación y en la salud.

—¡Exacto! –respondió la señora Selsdon–. Las afirmaciones curativas son sencillas frases positivas que, al ser repetidas durante el día de forma asidua, llegan a imprimirse en la mente. Aunque en un principio no creas en la afirmación que estás diciendo, llegará un momento en que ésta formará parte de tu subconsciente, y una vez esté en el subconsciente, comenzará a manifestarse en tu cuerpo. Por lo tanto, cuanto más frecuentemente repitas la afirmación, más efectiva será y más rápido actuará.

»El valor de las afirmaciones curativas fue descubierto por el doctor Emile Coué en el siglo XIX. El doctor Coué pedía a sus pacientes que, con toda la frecuencia que pudieran –mañana, tarde, noche, y siempre que fuera posible–, repitieran una frase muy sencilla pero muy efectiva: «Cada día que pasa, estoy mucho mejor en todos los sentidos».

»Y, ¿sabes?, ¡la mayoría de los pacientes que seguían su consejo mejoraban!

—¿De modo que usted venció su enfermedad utilizando visualizaciones y afirmaciones curativas? –preguntó el joven.

—Bueno, también hice otras cosas. Modifiqué totalmente mi estilo de vida. Cambié mi alimentación, comencé a hacer ejercicio físico con asiduidad, realicé ejercicios de respiración e incluso aprendí a reír y a tomarme la vida menos en serio, y todo eso me ayudó. Estoy segura de que aprenderás estas cosas de otras personas más preparadas en estos temas que yo. Pero lo que sí te puedo asegurar es que una parte muy importante de mi recuperación fue utilizar el poder de la mente. Fue tanta la impresión que causó en mí que pasado un año, una vez ya totalmente recuperada y después de que el tumor maligno hubiera desaparecido, volví a la universidad a estudiar psicología para aprender más acerca de cómo y por qué aquello había funcionado, para así poder ayudar a otras personas.

»Y si algo he aprendido en estos años es lo siguiente: la base de toda salud y toda enfermedad está en la mente. En verdad es una fuerza extremadamente poderosa que dirige nuestros actos y nuestro comportamiento, y que controla cada órgano y cada célula de nuestro cuerpo. Te voy a enseñar algo. –La mujer insertó una cinta en el vídeo y presionó el botón–. Todo esto lo vi con mis propios ojos. De hecho, incluso yo misma filmé algunas escenas.

La película que apareció en la pantalla era absolutamente increíble. En ella se veían muchas personas, gente variada, todos ellos caminando con los pies descalzos sobre brasas incandescentes. El joven reconoció entre ellos a la señora Selsdon, y miró asombrado cómo caminaba sobre el carbón al rojo vivo.

—Es lo que se llama andar sobre el fuego. En este caso, más de cien personas caminamos con los pies descalzos sobre las brasas que estaban a una temperatura superior a mil grados. Sin embargo, ninguno de nosotros sintió ningún dolor y nadie se quemó, ni siquiera le salió una pequeña ampolla.

—Eso es imposible —exclamó el joven.

—En este mundo hay muy pocas cosas imposibles, créeme —dijo ella sonriendo.

—¿Y cómo hizo esa gente para no quemarse?

—Con el poder de su mente.

La película continuaba con otra escena; ahora era una mujer acostada en la cama de un hospital. Un hombre le estaba hablando y un momento después permanecía muy tranquila. Luego un grupo de personas que llevaban mascarillas y batas de quirófano entró en la habitación.

—¿Qué va a ocurrir aquí? —preguntó el joven.

—Le van a practicar a esta mujer una cesárea.

—¿Y qué hay de especial en ello?

—Todo ocurre sin anestesia. No le han suministrado absolutamente ningún calmante. Ningún medicamento va a controlar el dolor, sólo su mente. Ha sido hipnotizada. Es consciente de todo lo que ocurre, pero no siente ningún dolor.

El cirujano seccionó el abdomen de la mujer con un bisturí, y unos minutos después otro miembro del equipo extraía al bebé de su cuerpo. Ataron y cortaron el cordón umbilical, y los gritos del niño, al respirar por primera vez, eran ensordecedores. Sin embargo, la madre, todavía en estado hipnótico, estaba totalmente despierta y controlando por completo la situación, sin ningún dolor ni incomodidad.

—¡Esto es sorprendente! —admitió el joven.

—Espera, todavía hay más.

En la siguiente escena aparecía una niña con la piel totalmente cubierta de llagas rojizas.

—Esta niña sufría de un tipo de eczema muy agudo. Anteriormente se le habían suministrado toda clase de medicamentos, entre ellos corticoides y diversos tipos de antibióticos, pero nada había podido mejorarla. Sin embargo, tras seis semanas de hipnoterapia intensiva, su piel estaba absolutamente limpia.

La película mostraba a la misma niña seis semanas después, con una piel hermosa y totalmente curada. La señora Selsdon pulsó un botón y la película se detuvo.

—Creo que ya estás empezando a captar el asunto. Que ya puedes ver hasta qué punto la mente controla nuestras vidas —dijo—. «El hombre es lo que son sus pensamientos», dice la Biblia. Tu mente controla tu cuerpo y hay muy pocas cosas, si es que hay alguna, que no pueda hacer por ti. Cosas que podrías considerar imposibles, como caminar sobre carbones incandescentes, eliminar el dolor o curar el cáncer, son fáciles si sabes utilizar el poder de tu mente. Todo lo que tienes que hacer es enfocar tus pensamientos y liberarte de las creencias debilitantes.

—¿Qué son las creencias debilitantes? —preguntó el joven.

—Cualquier creencia que dé por supuesto que no puedes lograr algo, o que algo es imposible, es una creencia debilitante. ¿Crees que algunas de las personas que has visto en el vídeo habrían puesto el pie sobre el carbón incandescente de no haber creído que podían caminar sobre él sin quemarse? Por supuesto que no. Curar la enfermedad y crear la salud es todo cuestión de enfocar el poder de la mente.

—Entonces, ¿usted enfoca su mente con afirmaciones y visualizaciones? —preguntó el joven.

—Justamente, veo que aprendes rápido —dijo su maestra—. Ese poder está ya en ti. Todo lo que tienes que hacer es darle algo para que se enfoque en ello, y esto lo puedes conseguir con las visualizaciones y las afirmaciones.

—¿Y con qué frecuencia debe hacerse eso? —preguntó el joven.

—Bueno, al menos debes dedicar a la visualización curativa quince minutos tres veces al día —por la mañana, al mediodía y por la tarde—, o con más frecuencia si es posible. En cuanto a las afirmaciones, debes escribirlas y leerlas en voz alta tan frecuentemente como te sea posible. Puedes utilizar cualquier afirmación que te haga sentirte sano, como por ejemplo: «Cada día que pasa mi salud es más radiante»; «Estoy fuerte y pletórico de salud»; «Mi cuerpo funciona perfectamente»; «Cada día, en todos los aspectos, me siento cada vez mejor»...

»También puedes inventar tus propias afirmaciones, pero cualquier frase o frases que elijas te la debes repetir en voz alta a ti mismo cada día, tantas veces como puedas, y al menos por la mañana, al mediodía y por la noche. Así, muy pronto la sensación de salud abundante comenzará a imprimirse en tu mente.

—Debo decir que estoy muy emocionado con lo que he aprendido hoy. Es maravilloso ser capaz de hacer algo positivo para mejorar mi situación —dijo el joven—. Pero dígame algo: ¿quién es el anciano chino que me mandó a usted?

—No tengo ni idea de quién es ni de dónde viene. Nunca volvió a recoger los libros, y si quieres que te diga la verdad, nunca pensé que lo haría. De alguna forma, supe que había pedido aquellos libros para que yo los leyera, para que me guiaran y estimularan mi fe en el momento en que más lo necesitaba. Lo único que sé con total seguridad es que él me ayudó a salvar mi vida. Me mostró una de las lecciones más importantes que he aprendido hasta el día de hoy.

—¿Qué lección es ésa? —preguntó el joven.

—Simplemente que hay muy pocas cosas que la mente no pueda lograr, y que la principal diferencia entre aquellos que se recuperan de la enfermedad y los que no lo hacen es la creencia en su capacidad de curarse. Ésta es la primera ley de la salud abundante... ¡La base de toda salud y de toda enfermedad está en la mente!

La señora Selsdon tomó entonces una placa de la estantería que había a su espalda.

—Esto lo dice todo.

En la placa estaba escrito lo siguiente:

> *Los únicos que vencen son aquellos*
> *que creen que pueden lograrlo.*
>
> THOMAS EMERSON

****

Más tarde, al caer la noche, el joven repasó las notas que había tomado.

Primer secreto de la Salud Abundante:
la base de toda salud y de toda enfermedad está en la mente.

El poder de la mente puede vencer cualquier dolor, curar cualquier enfermedad y ayudar a crear la Salud Abundante.

Puedes enfocar la mente en la salud y en la curación mediante:
— Las visualizaciones curativas (al menos quince minutos tres veces al día).
— Las afirmaciones curativas (repetir afirmaciones curativas por la mañana, al mediodía y por la noche, y si es posible, durante todo el día).

El joven se sintió mucho mejor consigo mismo, y su sentimiento hacia su estado de salud era mucho más positivo. Aquel día, había visto maravillas y había aprendido acerca de poderes que nunca creyó que fueran posibles. Sacó una tarjeta de su bolsillo y leyó en voz alta las palabras que había escrito:

Cada día que pasa, me siento
mejor en todos los sentidos.

El poder de la respiración

Dos días después, el joven estaba sentado observando una clase de yoga. Esperaba que terminase la clase para hablar con la maestra, una mujer llamada Vicki Croft, la cual, una vez le hubo mencionado al anciano chino, se mostró entusiasmada de hablar con él.

Al terminar la clase, los estudiantes dieron las gracias a la maestra y se fueron marchando, dejando solos al joven y a la señora Croft. Él caminó entonces hasta donde ella estaba y se presentó.

—Encantada de conocerte —dijo la señora Croft con una sonrisa—. ¿De modo que el anciano chino te sugirió que vinieses a verme?

—Sí —respondió el joven—, aunque ni siquiera conozco su nombre.

—Yo también me encontré una vez con él —dijo la señora Croft— y de esto hace ya bastantes años, pero nunca lo olvidaré.

—¿Cómo es eso? —preguntó el joven.

—¡Porque me salvó la vida!

El joven estaba sorprendido.

—¿De verdad le salvó la vida?

—Sí. En aquella época yo sufría asma crónica, un problema que había ido empeorando progresivamente desde mi infancia. Con frecuencia mi respiración era difícil y dolorosa, aunque siempre trataba de controlar los síntomas con un inhalador. A medida que pasaba el tiempo, me fui sintiendo cada vez peor, y cada día necesitaba utilizar el inhalador con más frecuencia. Subir sólo unos cuantos escalones era ya un suplicio.

»Un día, al volver a casa después del trabajo, sufrí un ataque terrible, al tratar de correr un poco para tomar el autobús. La gente me empujaba mientras yo me esforzaba por respirar. Busqué mi inhalador en el bolso, pero esta vez no funcionó. Estaba vacío, y en aquel momento realmente pensé que iba a morir.

»Lo siguiente que recuerdo es que un anciano chino me puso la mano en la espalda y automáticamente el dolor desapareció. Fue algo asombroso. Sentí una subida de energía e instantáneamente fui capaz de respirar. Nunca antes había experimentado algo así. El alivio fue incluso mejor que el que me habría causado mi inhalador. Le pregunté qué me había hecho, a lo que respondió que simplemente había liberado una energía que estaba bloqueada en la parte alta de mi espalda.

»En realidad, en aquel momento no supe a qué se refería, pero el hecho es que su presencia fue como un milagro. Nunca llegué a conocer su nombre, y desde entonces no le he vuelto a ver, pero aquel día me salvó la vida. Nos sentamos en un banco mientras me recuperaba del *shock*, y fue entonces cuando me habló de las leyes de la Salud Abundante, y me dijo cómo a través de ellas podría vencer al asma.

—¿Y cómo lo logró? –preguntó el joven.

—Bueno, tuve que cambiar totalmente mi estilo de vida, desde los alimentos que tomaba hasta la forma de abordar el estrés, así como también el tipo de ejercicio que realizaba. Los secretos de la salud abundante son diez, y todos son importantes, pero el que aparentemente a mí me ayudó más fue el secreto de la respiración.

—¿Y en qué consiste exactamente? –preguntó el joven.

—La diferencia entre la vida y la muerte está en la respiración. La respiración profunda es crucial para la salud; por eso si lo que estamos buscando es la salud, debemos aprender a respirar correctamente.

—¿Y qué podemos corregir en la respiración? –preguntó el joven–. Respiramos de forma instintiva, ¿no es así?

—Bueno, sí. La respiración es instintiva, y es un proceso totalmente natural, pero muchas personas han perdido ese instinto. Cuando te pasas todo el día sentado, en una oficina con aire acondicionado y realizando muy poco o ningún ejercicio físico, tanto el diafragma como los músculos del pecho se vuelven débiles. Esto hace que respirar de forma correcta sea virtualmente imposible.

—¿Por qué es tan importante respirar correctamente? —quiso saber.

—La respiración es vital para la vida. Tu cuerpo puede sobrevivir semanas sin alimento y varios días sin agua, pero sin oxígeno apenas podrás vivir unos minutos.

»La respiración es algo tan simple que muy pocas personas la tienen en cuenta; sin embargo, su importancia es crucial para la salud y para la curación. Al respirar estás en realidad ayudando a alimentar tu cuerpo, pues el oxígeno transporta los nutrientes a todas las células. Podrías comer los mejores alimentos del mundo, y tomar los minerales y las vitaminas más caros y potentes, pero de nada te servirían si esos nutrientes no fuesen transportados a todas las células del cuerpo, y para ser transportados de forma eficiente es necesario que respires bien.

»La respiración profunda —continuó la señora Croft— tiene otros beneficios igualmente importantes, pues el oxígeno que respiramos en realidad crea energía.

—¿A qué se refiere? —preguntó el joven.

—Bueno, ¿has visto alguna vez arder la leña en una chimenea o una hoguera?

—Por supuesto.

—¿Y qué ocurre cuando se le insufla aire?

—Las llamas crecen.

—¿Y...?

—El fuego se vuelve más brillante.

—Así es —dijo la señora Croft—, el fuego se hace más brillante. Lo mismo ocurre en el interior de tu cuerpo cuando las células queman calorías. El oxígeno ayuda a quemar las calorías más eficientemente, y así es como se crea la energía.

—Ya veo. De este modo la respiración transporta los nutrientes a todas las células y ayuda a nuestro cuerpo a crear energía.

—Lo has captado rápido, pero hay más cosas. La respiración controla la circulación del oxígeno a través de nuestro cuerpo, y también controla la circulación de la linfa.

—¿Qué es la linfa? —preguntó el joven.

—La linfa es un líquido similar a la sangre, que contiene glóbulos blancos que son los que protegen al cuerpo contra las bacterias y los virus. La linfa rodea a cada una de los setenta y cinco mil billones de células que hay en tu cuerpo, por lo que ya te imaginarás que hay mucha linfa. De hecho, tenemos cuatro veces más linfa que sangre. Viaja a través del cuerpo por vasos o tubos muy parecidos a las venas, y podemos decir que es como el sistema de alcantarillado del cuerpo.

»El funcionamiento es el siguiente: el corazón bombea la sangre a través de las arterias, hasta hacerla llegar a unos vasos extremadamente finos llamados capilares. Esa sangre lleva el oxígeno y los nutrientes procedentes de la comida hasta los capilares, donde son diluidos en el líquido que rodea a las células y que llamamos linfa. Las células saben exactamente lo que necesitan y toman la cantidad de oxígeno y de nutrientes precisos para mantener su salud, excretando seguidamente las toxinas. Algunas toxinas vuelven a la corriente sanguínea a través de los capilares, pero la mayoría de las células muertas y otros materiales de desecho tóxicos son eliminados a través del sistema linfático.

—Ya veo –dijo el joven–, pero ¿qué es lo que pone al sistema linfático en funcionamiento?

—Muy buena pregunta. El sistema linfático es activado principalmente por dos cosas: el ejercicio físico y las respiraciones profundas. Diversas investigaciones han demostrado que la actividad física moderada, conjuntamente con ejercicios de respiración profunda, puede incrementar hasta quince veces el ritmo de drenaje linfático. ¡Sí, un mil quinientos por ciento de incremento simplemente respirando con profundidad y realizando ejercicio físico moderado!

El joven estaba sorprendido y tomó algunas notas para no olvidar lo que se le estaba diciendo.

—Las células dependen de la linfa para drenar el exceso de líquido y los desechos tóxicos –explicó la señora Croft–. Si estos desechos no son eliminados, se acumulan en el interior del cuerpo. ¿Te imaginas lo que ocurriría en tu casa si no vaciaras de vez en cuando el cubo de la basura?

—¡Sin duda que no olería muy bien!

—Exactamente. Y crecería moho y hongos, y pronto aparecerían cucarachas y ratas.

El joven asintió.

—Pues cuando los desechos tóxicos no son eliminados del cuerpo, ocurre lo mismo: se forman bacterias y nos invaden los virus y los organismos parásitos. Éste es uno de los motivos por los cuales los deportistas sufren menos enfermedades crónicas degenerativas, como cáncer, dolencias del corazón o diabetes que el resto de la población. De hecho, según un estudio médico reciente, quienes no practican deporte tienen siete veces más posibilidades de contraer este tipo de enfermedades.

El joven seguía tomando notas, y la señora Croft continuó:

—Las técnicas de respiración son también muy útiles para controlar el dolor. Hasta tal punto que a muchas mujeres embarazadas les enseñan ejercicios especiales de respiración para disminuir los dolores del parto. Respirar correctamente genera otro beneficio muy importante —siguió diciendo ella—, y es su efecto sobre nuestras emociones. La respiración profunda relaja los músculos del pecho y tiene un efecto calmante sobre todo el sistema nervioso.

—¿Por eso se nos aconseja respirar profundamente cuando uno está muy nervioso o agitado? —preguntó el joven.

—Justamente —dijo la maestra—. Antes, cuando tenía que dar una conferencia sobre yoga solía ponerme muy nerviosa. Ahora, sin embargo, tras respirar profundamente me siento de inmediato mucho más tranquila y relajada. Fíjate en los fumadores. No es sólo el cigarrillo lo que les relaja, sino también el hecho de respirar profundamente. El único problema, en este caso, es que las toxinas del cigarrillo congestionan y destruyen los pulmones.

—Todo tiene sentido —dijo el joven—. ¿Cómo podría yo aprender a respirar correctamente?

—Muy buena pregunta —dijo la maestra—, y la respuesta es muy sencilla: tienes que reenseñar a tus pulmones a respirar. En unos estudios clínicos realizados en California se insertaron cámaras en el cuerpo de las personas a fin de registrar qué método de respiración profunda tiene un impacto más positivo sobre la circulación sanguínea y linfática. Así se descubrió que el siguiente ejercicio es el más efectivo para oxigenar el cuerpo y estimular el flujo linfático.

»Trata de respirar con el siguiente ritmo: inhala contando uno, mantén el aire en los pulmones mientras cuentas cuatro, y exhala contando dos. Es decir, si inhalas durante cuatro segundos, deberás mantener la respiración durante dieciséis segundos, mientras que la exhalación debe durar ocho. Haz diez respiraciones profundas siguiendo este ritmo —uno para inhalar, cuatro manteniendo la respiración y dos al exhalar—. No te estreses. Comienza inhalando durante tres o cuatro segundos, y ve aumentando poco a poco. Respira desde tu abdomen e imagina que tu pecho es como un aspirador que aspira todas las toxinas para sacarlas del cuerpo.

—Ya veo —dijo el joven—, pero ¿por qué la exhalación dura el doble que la inspiración?

—Porque es precisamente al exhalar cuando las toxinas son eliminadas a través del sistema linfático.

—¿Y por qué debo mantener la respiración un tiempo cuatro veces mayor que el que tardé en inhalar?

—Porque así es como mejor se oxigena la sangre y se activa el sistema linfático.

—¿Con qué frecuencia debe realizarse este ejercicio? —preguntó el joven.

—Bueno, debería realizarse al menos tres veces al día —por la mañana, al mediodía y por la noche—. Así gradualmente los pulmones comenzarán a respirar con más profundidad durante el día sin que tengas que pensar en ello. De este modo, la respiración diafragmática profunda y correcta volverá de nuevo a formar parte de tu instinto. Simplemente comienza a realizar este sencillo ejercicio, y verás como dentro de diez días tu energía habrá aumentado considerablemente y te sentirás como una persona distinta.

—Lo voy a hacer, muchas gracias. Ha sido una conversación realmente iluminadora –dijo el joven.

—No hay de qué darlas –dijo la señora Croft–. Para mí es un placer poder transmitir lo que he aprendido. Esta técnica de respiración mejoró mi salud mucho más de lo que podía haber soñado.

****

Por la noche el joven repasó las notas que había tomado.

Segundo secreto de la Salud Abundante:
la diferencia entre la vida y la muerte está en la respiración.

La respiración profunda:
– Es vital para vencer la enfermedad y mantener la salud.
– Mejora la circulación sanguínea y linfática.
– Relaja el sistema nervioso.
– Ayuda a crear energía.
– Libera el estrés mental y emocional.
– Alimenta, limpia y relaja todo el organismo, al tiempo que tranquiliza la mente.
– Se puede aprender realizando el siguiente ejercicio por la mañana, al mediodía y por la noche:

- Inhala durante el tiempo que te resulte cómodo.
- Mantén la respiración durante un instante que dure cuatro veces más que la inhalación.
- Exhala durante dos veces el tiempo de la inhalación.

Repite este ejercicio diez veces.

El poder del ejercicio físico

La tarde siguiente el joven se encontró con la tercera persona de la lista en una esquina del parque, junto al sendero que la gente utiliza para caminar y correr. Se trataba de la señora Mari O'Donell, entrenadora de atletismo en la universidad. Era una mujer de rostro joven, que llegó ataviada deportivamente, con zapatillas especiales para correr y una cinta que le sujetaba el cabello. Ambos se sentaron en un banco desde el cual se divisaba gran parte del sendero por el que corrían algunas personas.

—Hace ya muchos años que conocí al anciano chino —dijo Mari—, pero lo recuerdo tan claramente como si hubiese ocurrido hoy. Fue el día en que me diagnosticaron esclerosis múltiple. Como seguramente sabrás, esa enfermedad termina destruyendo la totalidad del sistema nervioso central, afectando a todas las funciones corporales. El médico me dijo que no existía cura, pero que sí había algunos medicamentos que podían ayudar a ralentizar el proceso de la enfermedad. Como podrás imaginar, aquello fue un terrible *shock* para mí. Todo parecía sin esperanzas. Por la tarde me vine a este parque, me senté aquí y lloré. Al levantar de nuevo la cabeza vi que, sentado junto a mí en el banco, había un anciano chino. Comenzamos a hablar, y la conversación rápidamente recayó sobre el tema de la curación natural y de los secretos de la salud. Era la primera vez que oía hablar de tales cosas, y ciertamente me dio mucho en lo que pensar. Antes de que el anciano se marchase me dio una lista de personas que, según me dijo, podrían ayudarme y también me dio un artículo de una revista de salud que en su opinión hallaría interesante. El artículo, más que interesante, era increíble. Se refería especialmente a la esclerosis múltiple.

—¿Por qué era tan increíble? —preguntó el joven.

—Yo no le había dicho al anciano que mi enfermedad era ésa. ¡Simplemente le mencioné que tenía algún problema de salud! En el artículo se citaban varias personas que habían logrado recuperarse de la esclerosis múltiple. Yo estaba muy emocionada, pues era la primera vez que se me daba algún tipo de esperanza en el sentido de que era posible mejorar mi situación. En aquel momento decidí que si ellos habían podido vencer a la enfermedad, yo también podría. Afortunadamente, en mi caso, la esclerosis estaba en sus primeras fases y aunque me hallaba muy débil, todavía podía caminar.

—¿Cómo se recuperaron ellos? —preguntó el joven.

—Parece que en todos los casos se dieron varios factores comunes, entre ellos la dieta, la actitud mental y el ejercicio físico. Aprendí los secretos de la Salud Abundante, e inmediatamente puse en práctica lo que había aprendido. Cambié totalmente mi alimentación y mi estilo de vida. Todo ello fue muy benéfico, pero lo que más espectacularmente mejoró mi salud fue, sin lugar a dudas, el ejercicio aeróbico.

—¿Qué significa ejercicio «aeróbico» –preguntó el joven.

—Es aeróbico cualquier ejercicio que hace trabajar más a los pulmones, obligándolos a respirar con mayor rapidez. Literalmente la palabra «aeróbico» significa «ejercitarse con el aire». Caminar rápidamente, correr, montar en bicicleta o nadar son ejemplos de ejercicios aeróbicos. Comencé a caminar con rapidez y a nadar un poco cada día, y aunque al principio me resultaba difícil, pues sentía las piernas como si fueran de plomo, perseveré y poco a poco mis piernas fueron reforzándose. Pocos meses después había mejorado tanto que incluso podía correr por el parque.

»Comencé a correr asiduamente por este sendero hasta llegar a completar ocho vueltas, pero al llegar a ese punto sentía las piernas muy cansadas. Una vuelta más era siempre más de lo que podía hacer, pero un día decidí que tenía que superar aquello. Aunque no hiciera nada más, iba a correr la novena vuelta. Comencé despacio, pero al igual que siempre, al terminar la octava vuelta comencé a sentir las piernas muy pesadas. Seguí unos pasos más, pero la debilidad aumentó y mis piernas estaban tan mal como cuando empecé con la enfermedad. Realmente sentí como si no pudiese dar un paso más, y mucho menos correr. De pronto una voz detrás de mí dijo: «¡Siga, usted puede hacerlo! No abandone ahora». Me giré y ¿quién crees que estaba corriendo a mi lado? ¡Era el anciano chino! Me miró y sonrió, diciendo seguidamente: «¡Siga corriendo, ya casi lo tiene!».

»De alguna forma, sus palabras me dieron la fuerza que necesitaba para seguir. Con el anciano corriendo a mi lado, completé otra vuelta y estuvo muy bien que lo hiciera, porque fue entonces cuando tuvo lugar el cambio más espectacular.

»Al iniciar aquella novena vuelta, mi cuerpo comenzó a sudar profusamente. Fue como si el muro de contención de un pantano se hubiera derribado en mi interior, inundándome literalmente en sudor.

»De pronto me di cuenta de que era la primera vez que sudaba en muchos años, y también de que estaba corriendo con más fuerza y rapidez de lo que nunca antes pude. Supe entonces que aquél era un punto crucial para mí. Tal vez la fase más importante de mi recuperación, y desde entonces nunca volví a mirar atrás.

—Entonces lo que me está usted diciendo es que el ejercicio físico jugó un papel muy importante en su recuperación –dijo el joven mientras tomaba notas.

—Absolutamente –reconoció Mari–, aunque tuve que empujarme a mí misma más allá de mis limitaciones antes de que esa mejoría espectacular ocurriese. Sin embargo, para la mayoría de la gente el simple acto de realizar ligeros ejercicios aeróbicos suele ser suficiente.

Justo en aquel momento, un hombre de mediana edad pasó por el sendero caminando rápidamente y la saludó:

—¡Buenos días, Mari!

—¡Hola, Stan! ¿Cómo te sientes hoy?

—¡No podría estar mejor! —respondió él.

—Nunca pensarías que todavía no hace un año que sufrió un infarto, ¿no es así? —le dijo la mujer al joven.

—¿De verdad? —preguntó él.

—Sí. También a él el ejercicio asiduo le ha ayudado a salvar la vida. ¿Sabes? El ejercicio aeróbico habitual, como correr, caminar, nadar o montar en bicicleta, hace bajar la presión sanguínea y reduce el nivel de colesterol en la sangre, por lo que es muy beneficioso para el sistema cardiovascular.

El joven seguía tomando notas mientras ella hablaba.

—¿Ves aquella señora que corre allí abajo? —dijo Mari, señalando a una mujer con *shorts* y camiseta—. Sufría de dolores crónicos en las rodillas y en las caderas. Según el médico era artritis; sin embargo, han desaparecido en pocas semanas, una vez que ha empezado a hacer ejercicio cada día.

»Y esto es porque el ejercicio mejora la circulación sanguínea y linfática en las articulaciones, ayudando así a mantenerlas libres de problemas artríticos; incluso ayuda a que los huesos se mantengan sanos. De hecho, la falta de ejercicio es la causa de que se debiliten los músculos, debido a la mala circulación y a la pérdida de calcio, lo cual lleva a la osteoporosis, o huesos quebradizos.

»El ejercicio es crucial para la salud. Sencillamente no fuimos diseñados para llevar una vida sedentaria. ¿Sabes que si te ataras un brazo durante tres días sus músculos empezarían ya a atrofiarse?

—¿De verdad?

—Sí, el antiguo dicho es cierto: «Lo que no se usa se atrofia». Sin ejercicio físico todo el cuerpo se debilita. La acción genera fuerza. Ésta es la tercera ley de la Salud Abundante.

El joven estaba sorprendido de lo que escuchaba. Siempre había sabido que el ejercicio era importante para mantener la salud, pero no tenía ni idea de que lo fuese tanto. Pensó, el poco ejercicio que había realizado en los últimos años. No era de extrañar, pensó también, que se encontrara tan débil.

—El ejercicio es también importante para la salud mental —continuó Mari—. Pocos son los que se dan cuenta de que cuanto menos ejercicio realizan, más propensos se vuelven a la introversión, la ansiedad y la depresión. Eso ocurre porque el movimiento, o la falta de movimiento, tiene una marcada influencia sobre las emociones. Diversos estudios clínicos han demostrado que el ejercicio ayuda a paliar pequeños problemas mentales, como la ansiedad e incluso la depresión. Por eso cuando nos encontramos un poco decaídos, salir y realizar alguna actividad física suele elevar el espíritu.

—Pero ¿por qué el ejercicio físico afecta a las emociones? —preguntó el joven.

—Muy sencillo —dijo Mari—. En primer lugar porque el ejercicio hace que el cerebro libere unas sustancias denominadas beta-endorfinas, que producen una sensación de bienestar emocional. Muchos corredores, después del entrenamiento, experimentan un estado mental que es conocido como «el subidón». En segundo lugar, el ejercicio mejora nuestro estado emocional porque en realidad las emociones están gobernadas por la fisiología, es decir, por la forma en que mantenemos nuestros cuerpos. La manera en que andamos, en que estamos en pie o sentados, incluso en que respiramos, tiene una gran influencia sobre nuestro estado emocional.

»El ejercicio aeróbico asiduo con frecuencia suele jugar un papel vital para vencer muchas enfermedades físicas y mentales, y es crucial para mantener la salud abundante —continuó Mari.

—Ya veo —dijo el joven—, pero ¿cuál es el mejor tipo de ejercicio y cuánto tiempo se le debe dedicar cada día?

—Bueno, en realidad cualquier ejercicio que disfrutes, y que te haga sudar y respirar un poco más rápido. Caminar con rapidez, correr, nadar, andar en bicicleta o incluso bailar, son todos excelentes tipos de ejercicio. Comienza suavemente y ve aumentando la intensidad poco a poco. Es muy importante calentar los músculos y las articulaciones antes de comenzar; de lo contrario podrías sufrir algún esguince o lastimarte alguna articulación.

—¿Y cuál es la mejor forma de calentamiento? —preguntó el joven.

—Lo mejor es mover y estirar cada músculo y cada articulación durante siete segundos, realizando varios estiramientos en cada parte de tu cuerpo. Todos los músculos funcionan en pares, por lo que debes tener en cuenta que tras haber realizado un estiramiento en un sentido, tendrás luego que hacerlo en el otro.

—Ya veo —dijo el joven—. ¿Hay algo más de lo cual debería yo ser consciente?

—Sí. Es también muy importante no esforzarte más de la cuenta. El incremento debe hacerse lentamente. Son muchos los que cometen el error de realizar demasiado ejercicio antes de tiempo, y esto con frecuencia genera lesiones musculares.

—Ya veo. ¿Y cuánto ejercicio hay que hacer para tener buena salud?

—Ésa es una buena pregunta —dijo ella—. Todo lo que se necesita es entre treinta y sesenta minutos al día. Yo te aseguro que dentro de diez días notarás ya una gran diferencia. De hecho, los beneficios que tu salud recibirá te dejarán tan asombrado como me ocurrió a mí.

—Me parece fantástico —dijo el joven—. Voy a empezar hoy mismo.

—Buena suerte, y por favor, infórmame de cómo te va —dijo Mari.

—Por supuesto que lo haré. Gracias por atenderme. Siempre supe que el ejercicio era importante, pero nunca pensé lo fundamental que puede llegar a ser. Por cierto, ¿qué dijo el anciano chino cuando completó la novena vuelta?

—No lo sé. Cuando terminé la novena vuelta me volví para darle las gracias por sus ánimos, pero... ya no estaba allí. Aunque, por supuesto, ahora sé que está al tanto —dijo Mari.

—¿Cómo lo sabe? —preguntó el joven.

—Porque de vez en cuando ¡me llama alguien como tú!

El joven se alejó y Mari comenzó sus ejercicios de estiramiento y calentamiento. Al llegar a la salida del parque, se volvió y vio cómo la mujer que llegó a estar casi totalmente impedida corría alrededor del parque con gráciles movimientos y aparentemente sin esfuerzo, como si el viento la empujase.

****

Aquella noche, al repasar las notas que había tomado en su charla con Mari, el joven se sintió todavía más optimista y confiado en que su situación mejoraría.

Tercer secreto de la Salud Abundante:
la acción genera fuerza.

El ejercicio físico asiduo:

— Mejora la circulación.
— Refuerza el corazón y los pulmones.
— Ayuda a vencer muchas enfermedades físicas y mentales.
— Es esencial para mantener la Salud Abundante.

Debes hacer un ejercicio que te guste y que:

— Te haga sudar.
— Consiga que tu corazón bombee con más rapidez.
— Haga que tus pulmones trabajen más.

Además, ten en cuenta que:

— Antes de cualquier ejercicio debes realizar un calentamiento y nunca llegues a agotarte demasiado.
— Deberás practicar al menos treinta minutos de ejercicio físico cada día.

EL CUARTO SECRETO

El poder de la nutrición

Dos días después el joven estaba sentado a una mesa en un restaurante pequeño pero muy popular del centro de la ciudad, llamado Comida casera. Frente a él se sentaba el dueño del restaurante, cuarta persona en la lista que le entregó el anciano chino.

El señor Edward Just era muy conocido y respetado en toda la ciudad. A sus más de ochenta años, evidentemente amaba su trabajo y estaba siempre repleto de energía. Además, cada semana, los miércoles por la tarde, seguía dando clases de cocina. Era una persona con una misión clara: enseñar a comer saludablemente y demostrar cómo una comida podía ser al mismo tiempo deliciosa y fácil de preparar.

—Su llamada telefónica me ha traído buenos recuerdos –le dijo el señor Just al joven–. Recuerdos maravillosos de cuando tenía cincuenta y cinco años, hace ya casi treinta de eso.

—Está bromeando —le interrumpió el joven—. ¿Quiere usted decir que tiene más de ochenta años?

—Sí, por supuesto.

—¡Dios mío, no parece superar los cincuenta!

—Muchas gracias. Te voy a enseñar algo –replicó el anciano con una sonrisa mientras le mostraba al joven una fotografía en blanco y negro.

—¿Quién es? –preguntó el joven.

—Dímelo tú.

—No lo sé, pero quienquiera que sea parece que necesita aprender los secretos de la Salud Abundante.

La fotografía mostraba a un hombre de mediana edad y tamaño inmenso, extraordinariamente obeso, con un rostro hinchado y oscuras manchas bajo los ojos. No hacía falta ser médico para darse cuenta de que aquel hombre no estaba bien.

—Soy yo –dijo el señor Just.

—Increíble –exclamó el joven.

—No, en realidad era yo. Hace treinta años era una persona totalmente diferente de quien está ahora ante ti. Por el camino que llevaba no creo que hubiera vivido un par de años más, y mucho menos treinta.

—¿Qué andaba mal en usted? –quiso saber el joven.

—¡Qué andaba bien! deberías preguntar. Para empezar, era diabético.

—¿No se supone que la diabetes es incurable?

—Eso es lo que han hecho creer a la gente, pero no es verdad. Mira, muchas enfermedades que acostumbraban a ser incurables ahora se pueden curar. No con medicamentos, debo añadir, sino con remedios naturales y cambios en la forma de vida.

El joven pensó en las otras personas de la lista que ya había visto, y cómo todos ellos sin excepción habían cambiado su estilo de vida para vencer los problemas de salud.

El señor Just continuó:

—Sufría también de presión sanguínea alta, úlceras de estómago e intestino irritable. El médico me mandó una colección de medicamentos que al principio parecieron ayudarme. Pero unas semanas después comenzaron a manifestarse los efectos secundarios de las medicinas: dolores de cabeza, náuseas y luego erupciones en la piel. Estaba continuamente cansado y mi salud fue empeorando hasta que, un día, el encuentro fortuito con un anciano cambió mi vida.

—Un anciano chino, supongo –interrumpió el joven.

—Sí, por supuesto –sonrió el señor Just.

—¿Qué ocurrió?

—Todo fue muy extraño. En aquellos días mi trabajo era muy estresante y raramente podía ausentarme de la oficina para el almuerzo. Sin embargo, un día me sentía tan mal que decidí salir para comer en un pequeño café que se encontraba frente a mi oficina, justo al otro lado de la calle. Estaba sentado en un rincón comiendo una hamburguesa con patatas fritas cuando un anciano chino me preguntó si podía sentarse a mi mesa.

»Seguidamente se comió una gran ensalada y una patata al horno. Habíamos intercambiado algunas frases amables cuando de pronto, sin previo aviso, me miró fijamente a los ojos y me dijo que aquella comida me estaba matando. Yo hice un chiste de ello pero él insistió y después dijo algo que me dejó helado... Dijo que aquella comida que estaba tomando ¡no hacía sino agravar mis úlceras de estómago!

—¿Por qué le sorprendió tanto? –preguntó el joven.

—Porque yo no le había mencionado que las sufriera. Le pregunté cómo sabía que tenía úlceras de estómago y me respondió que podía verlo en mis ojos.

—¿De verdad? –preguntó el joven.

—Sí. Parece increíble, pero es cierto. Intrigado por lo que el anciano me había dicho, le pregunté qué otras cosas «veía». Él me respondió que mis niveles de colesterol estaban peligrosamente altos y que el páncreas se hallaba ya muy débil.

»Seguidamente le pregunté qué debería comer, dado que mi alimentación habitual me estaba matando. Fue entonces cuando me habló de los secretos de la Salud Abundante. Con gran paciencia me explicó que la salud sólo se puede crear a través de un modo de vida sano, lo cual suponía seguir las leyes de la naturaleza que producen salud en abundancia. En total son diez leyes, que cuando se cumplen, producen salud abundante, mientras que si no son cumplidas, causan la enfermedad. Las diez son importantes, pero a mí la que más me ayudó fue la Ley de la Nutrición Abundante: somos lo que comemos, sin olvidar cuándo y cómo comemos.

»Tras hablar aquel día con el anciano chino, fui a ver a una serie de personas. Lo primero que cambié fue la dieta: realicé algunos cambios importantes en lo que comía, cuándo comía y cómo comía. No te lo creerás pero en seis semanas mis niveles de colesterol eran ya normales, las úlceras habían desaparecido sin que quedase el menor rastro del dolor de estómago y lo más increíble de todo... ¡mi diabetes había desaparecido!

—¡Increíble! —dijo el joven.

—Así es —confirmó el señor Just—, pero cierto. Desde entonces he leído que según ciertos estudios clínicos, el setenta y cinco por ciento de los diabéticos adultos que siguen una dieta baja en grasas y alta en fibra se curan totalmente en ocho semanas. Entonces entendí que la Ley de la Nutrición Abundante era muy importante y decidí aprender con detalle la ciencia de la nutrición. Descubrí que una alimentación sana se puede resumir en seis sencillas reglas, las cuales, sin lugar a dudas, ayudarán a cualquiera a vencer muchas enfermedades y a mantener una salud abundante.

El joven escuchaba atentamente mientras tomaba notas de lo que le decía el señor Just.

—La primera regla de la alimentación sana es elegir alimentos integrales, frescos y sin refinar. La buena nutrición es como la construcción de una casa. El edificio será tan sólido como lo sean los materiales con los que se construye. ¿Estás de acuerdo?

El joven asintió, aunque tenía sus dudas acerca de lo que significaba «alimentos refinados» y «sin refinar».

—Los alimentos refinados —explicó el señor Just— son aquellos de los que se ha extraído todo lo bueno, como el pan blanco, el azúcar blanco e incluso los cereales para el desayuno empaquetados. La mayoría de sus vitaminas, minerales y otros nutrientes son extraídos o destruidos en el proceso de fabricación. Además, estos alimentos están, por lo general, saturados de azúcar y de almidón.

—Sin embargo, en el pan blanco que yo como y también en los cereales del desayuno se indica que «están enriquecidos con vitaminas añadidas» —protestó el joven.

—Eso no es más que publicidad engañosa. Lo que hacen los fabricantes es extraer cien nutrientes y en su lugar poner algunas vitaminas artificiales. ¡Yo no sé tú, pero yo difícilmente los llamaría «enriquecidos»!

—¿Y qué hay de malo en el azúcar y en el almidón? Yo pensé que nos aportaban energía.

—Es cierto que los azúcares y los almidones son necesarios para producir energía, pero igualmente lo son otros muchos nutrientes, entre ellos el calcio, el zinc, el hierro y muchos otros minerales y vitaminas. Pero como la mayoría de estos nutrientes no están en los alimentos refinados, el cuerpo se ve obligado a tomarlos de sus propios huesos y tejidos. En consecuencia, la reserva corporal de muchos minerales y vitaminas se agota. Es decir, que los alimentos «refinados» en realidad lo que hacen es robar los recursos vitales del organismo.

—Entonces, ¿cuáles son los alimentos «no refinados» que supuestamente deberíamos comer?

—Los frutos frescos y los vegetales, los cereales integrales como el arroz integral, el pan integral, la cebada, la avena, el centeno y el mijo integrales. Luego están las legumbres, los frutos secos y las semillas. Éstos son los alimentos integrales que deben formar la base de una dieta sana. Contienen proteínas, hidratos de carbono, vitaminas, minerales y ácidos grasos esenciales en la proporción que la naturaleza preparó para nosotros. Y, por supuesto, siempre que sea posible, los alimentos cultivados orgánicamente son los mejores.

—¿Qué son los «alimentos cultivados orgánicamente»? —preguntó el joven con curiosidad.

—Son alimentos cultivados sin usar fertilizantes químicos, pesticidas ni otros tratamientos químicos. Todos los productos químicos utilizados en los sistemas agrícolas comerciales son potencialmente tóxicos. Los alimentos orgánicos —que son cultivados de forma natural— no contienen ese tipo de residuos y al mismo tiempo su concentración de nutrientes es muy superior.

»La segunda regla de la alimentación saludable es que no puede haber buena nutrición sin una buena digestión. Recuerda, no sólo somos lo que comemos sino que también es importante cuándo comemos y cómo lo hacemos.

—No estoy seguro de entender a qué se refiere —dijo el joven.

—De nada sirve ingerir alimentos integrales si luego no los puedes digerir, y la única forma de asegurarte una buena digestión es comer en el momento adecuado y de la manera adecuada. Por ejemplo, si no masticas concienzudamente cada bocado, va a ser muy difícil que puedas tener una buena digestión. Del mismo modo, tu cuerpo no podrá realizar bien la digestión si estás enojado, o cansado, o si comes corriendo porque se te hace tarde para volver al trabajo.

»Muchas personas engullen la comida. Comen deprisa entre dos trabajos y luego se preguntan por qué sufren de indigestión. Comer debe ser una actividad relajante y la comida se debe disfrutar. Al saborear los alimentos, la boca produce más saliva, que es necesaria para digerir los hidratos de carbono, y así el estómago puede producir mejor el ácido hidroclorídico, necesario para digerir las proteínas. Pero quizás lo más importante para lograr una buena digestión sea el momento en el que comemos.

—¿Qué tiene que ver la hora en la que comemos con la digestión? –preguntó el joven.

—Todo en la naturaleza funciona de acuerdo con tiempos concretos –explicó el señor Just–. Desde la puesta del sol hasta el florecer de los tulipanes, todo tiene un tiempo, y el cuerpo humano no es la excepción. El organismo posee un reloj interior, más exacto y ajustado de lo que nos podemos imaginar. La hora en la que comemos tiene mucha importancia en relación con la digestión.

»Por ejemplo, el ritmo metabólico de tu cuerpo —el ritmo al que tu cuerpo convierte el alimento en energía— es mucho más lento por la tarde que por la mañana. Esto significa que las calorías se queman con mucha menor eficiencia. Así, si tu comida más importante la tomas al atardecer, tendrás tendencia a engordar más que si esa misma comida la realizas por la mañana.

»Y más todavía, si acostumbras a cenar muy tarde, será difícil que tengas un sueño de calidad. Y muy posiblemente por la mañana te levantarás cansado.

—¿Por qué ocurre eso? –preguntó el joven.

—Si cenamos tarde, nuestro sistema digestivo se ve obligado a trabajar durante la noche, y el cerebro no descansa adecuadamente, pues tiene que mandar mensajes al estómago y a los intestinos a fin de producir las enzimas y los jugos necesarios para la digestión.

—Ya veo —dijo el joven—. ¿Hay algún otro momento en el que no sea conveniente comer?

—Sí, cuando estás muy cansado o muy estresado, porque en esos estados el sistema digestivo no funciona bien, y en consecuencia los alimentos no son debidamente digeridos.

El joven tomaba notas mientras el señor Just seguía hablando.

—La tercera regla para una alimentación saludable es no comer demasiado. Recuerda, al comer, menos es más. Es mucho más fácil comer porciones pequeñas que cantidades mucho mayores. Un estómago sano debe tener aproximadamente el tamaño de tu puño. Al comer en exceso el estómago se expande, y eso dificulta el proceso de la digestión. Y lo que es más importante, el exceso de calorías hace acumular grasa que sobrecarga al corazón y crea un estrés adicional para las articulaciones. Por eso la gente que come menos vive más tiempo.

»Dice un viejo refrán: «Come hasta que tu estómago esté medio lleno, bebe hasta que hayas saciado la mitad de tu sed, y así podrás estar seguro de vivir tu vida completa». La cuarta regla de la alimentación sana es que el setenta por ciento de tu dieta debe estar formada por alimentos ricos en agua: frutas frescas, vegetales y cereales germinados. El otro treinta por ciento debe estar compuesto de almidones, proteínas y grasas. Puede parecerte extraño, teniendo en cuenta que lo normal en los países occidentales suele ser comer una cantidad muy pequeña de alimentos ricos en agua, y otra mucho mayor de almidones y proteínas —mucha carne, mucho pan, muchas patatas y pocos vegetales—. Pero la persona promedio en Occidente está enferma. Una de cada tres contrae cáncer y una de cada dos muere de enfermedades relacionadas con el corazón. Piensa sobre esto un momento. La tierra es en un setenta por ciento agua, el cuerpo humano es agua en un setenta por ciento. ¿No tiene sentido que comamos siguiendo ese mismo porcentaje?

—¿No serviría simplemente tomar más agua? –preguntó el joven.

—Ésa es una buena pregunta –reconoció el señor Just–. En primer lugar, la mayor parte del agua que bebemos no es muy pura. Hay muchas posibilidades de que contenga cloro, flúor, metales blandos y otras sustancias tóxicas. Pero de cualquier modo, no puedes limpiar tu sistema inundándolo. Al igual que debemos comer sólo cuando estamos hambrientos, deberíamos beber sólo cuando tengamos sed. Una dieta centrada en alimentos ricos en agua es nutritiva y limpiadora. Si no tenemos suficiente líquido, la sangre se vuelve demasiado espesa y los deshechos tóxicos no pueden ser eliminados de forma eficiente. Nuestras dietas deben contener alimentos que ayuden al cuerpo a desarrollarse y a limpiarse a sí mismo.

El joven pensó durante un momento cuántos alimentos ricos en agua comía él normalmente, y la respuesta le horrorizó: eran muy, muy pocos. Principalmente comía carnes, patatas, pan, mantequilla y algunas verduras cocinadas.

—La quinta regla de la alimentación sana –continuó el señor Just– es muy importante: evitar los cinco «destructores celulares».

—¿Qué son esos destructores celulares? –preguntó el joven.

—Se trata de aquellos alimentos que son especialmente dañinos para la salud, porque destruyen las células del cuerpo. Son alimentos que deberían ser evitados siempre que fuera posible. Cuanto menos los tomes, mejor estarás. Te voy a explicar por qué.

»El primer destructor celular es el azúcar refinado. El azúcar es mortal. Además de estropear los dientes, es un alimento refinado, por lo cual vacía tu cuerpo de sus recursos vitales. Pero también destruye tu sistema inmunológico. ¿Sabías que seis cucharaditas de azúcar reducen el número de glóbulos blancos —las células que combaten los microbios y las bacterias— en un veinticinco por ciento? Y cuanto más azúcar tomes, más glóbulos blancos son destruidos.

»Recuerda que el azúcar con frecuencia está enmascarada en muchos otros alimentos, como los dulces, el chocolate, las bebidas refrescantes, las galletas, los pasteles, e incluso en la fruta y los vegetales enlatados.

»El segundo destructor celular son los alimentos cárnicos: la carne y el pescado. Numerosos estudios han demostrado una y otra vez que el principal factor que incide en la mayoría de las enfermedades crónicas degenerativas es el consumo de carne. Hoy en día la mayor procede de granjas que son más bien fábricas. En ellas los animales están encerrados en compartimentos estrechos, sin pastar nunca por el campo, y en muchos casos, jamás ven la luz del sol. Debido a esta terrible situación, deben atiborrarlos de antibióticos para controlar las enfermedades, y al mismo tiempo los alimentan con hormonas y factores de crecimiento; por eso no es sorprendente que la carne se haya convertido en un cóctel de venenos.

—Pero ¿y los vegetales y la fruta? —preguntó el joven—. ¿Acaso no son también rociados con peligrosas sustancias químicas?

—Muy cierto —dijo el señor Just sonriendo—, pero éstas son minúsculas si las comparamos con las sustancias que contaminan la carne. En Noruega se comparó la composición de una col comercial con un pollo, y se halló que el pollo contenía diez millones más de toxinas. Las frutas y las verduras orgánicas son cultivadas sin productos químicos, y por ese motivo son las mejores. Son más nutritivas y no contienen toxinas venenosas. Sin embargo, incluso las que son cultivadas con productos químicos son mucho menos tóxicas que la carne.

—Pero ¿y la carne orgánica? —insistía el joven.

—Bueno, sin duda es mucho mejor que la carne de animales criados en granjas-fábrica, pero sigue siendo extremadamente dañina para la salud. La carne no es un alimento saludable. Tanto las carnes rojas como el pollo contienen altos niveles de grasas saturadas —éstas son grasas que hacen que los glóbulos rojos se apelmacen y se atoren las arterias—. Por eso no es sorprendente que la mitad de la población muera de enfermedades relacionadas con el corazón y que la mayoría de estas muertes sean causadas por el exceso de grasa y colesterol que hallamos en la carne, en los alimentos lácteos y en el chocolate.

—¡Pero yo siempre pensé que la carne era buena para la salud! —dijo el joven—. ¿Acaso no es necesaria para producir energía?

—En absoluto. De hecho, más bien es cierto lo contrario. Lo primero que el cuerpo quema para obtener energía son los hidratos de carbono. La carne contiene muy pocos hidratos de carbono; sin embargo, sí tiene mucha grasa y muchas proteínas. Un exceso de proteínas en el cuerpo genera demasiado nitrógeno, y demasiado nitrógeno produce fatiga.

—Pero yo he oído que para tener huesos sanos hay que comer mucha carne –dijo el joven.

—De nuevo, justo lo contrario es lo cierto. Quienes comen mucha carne tienen los huesos más débiles, ya que contiene una gran cantidad de ácido úrico. El ácido úrico es lo que da a la carne su sabor, pero al mismo tiempo es altamente tóxico. El cuerpo puede tan sólo eliminar unos quinientos miligramos de ácido úrico al día; sin embargo, una hamburguesa de las grandes puede contener hasta un gramo de esa sustancia. Este exceso se acumula en el cuerpo, irritando los tendones y las articulaciones, generando artritis y también disolviendo el calcio de los huesos.

—¿Y el hierro? –preguntó el joven–. ¿Cómo podemos obtener suficiente hierro sin comer carne?

—Podemos conseguir todo el hierro que necesitemos de las hojas verdes de los vegetales, de los cereales y de las legumbres. De hecho, las lentejas, las espinacas, el brócoli e incluso los albaricoques secos contienen más hierro que un filete de ternera. Una taza de arroz integral posee más hierro que una hamburguesa gigante. El mito de que los vegetarianos tienen más anemia que los carnívoros es una falacia. Además, estudios médicos recientes han revelado cierta relación entre un exceso de hierro y las enfermedades del corazón.

—¿Y por qué el pescado es tan malo? –preguntó el joven–. Siempre pensé que era un alimento saludable.

—El pescado puede no ser tan nocivo como la carne, pero ciertamente no es un alimento saludable. Muchos mares están tan contaminados que casi la mitad de los peces tienen crecimientos cancerosos, y los procedentes de piscifactorías reciben grandes cantidades de antibióticos a fin de controlar las enfermedades, así como hormonas para promover su crecimiento rápido y colorantes químicos para que su carne tenga buen color.

»El pescado ha sido promocionado como un alimento saludable porque contiene ácidos esenciales omega-3, los cuales se cree que ayudan a quienes están aquejados de artritis y enfermedades del corazón. Sin embargo, las células grasas del pescado están altamente contaminadas. Por otra parte, algunos aceites vegetales contienen niveles más elevados de ácidos grasos esenciales omega-3 que el pescado; además, se ha demostrado que son más efectivos.

»La carne de otras criaturas no es un alimento natural para el ser humano. Los humanos son de naturaleza herbívora. Los herbívoros poseen mandíbulas que se pueden mover tanto lateral como verticalmente, con dientes adecuados para moler, mientras que las mandíbulas carnívoras tan sólo se mueven de arriba abajo, sus dientes cortan y arrancan, no muelen. El intestino de los herbívoros suele siempre medir más de siete metros, mientras que el de los carnívoros apenas sobrepasa el metro, por lo que en ese caso la carne es excretada antes de que tenga tiempo de entrar en putrefacción. La mayoría de los antropólogos están de acuerdo en que inicialmente el hombre debió de ser un primate que se alimentaba de frutos.

»Una dieta sin carne nos suministra todos los nutrientes que el cuerpo necesita. En mis tiempos, los vegetarianos eran considerados fanáticos, pero eso era más bien una imagen creada por los medios de comunicación. ¿Quién crees que estaba entre esos fanáticos? Pues nada menos que los grandes pensadores y los mayores filósofos de la historia, desde Sócrates, Pitágoras o Platón en la antigua Grecia, hasta, en los tiempos más modernos, Leonardo da Vinci, Henry David Thoreau, Albert Einstein, Isaac Newton, Benjamín Franklin, George Bernard Shaw, Leon Tolstoi, H. P. Wells, Mark Twain, Voltaire o Gandhi. ¡Difícilmente podemos considerar que esto sea una lista de fanáticos! Y no debemos olvidar que la mayoría de ellos tuvieron vidas largas y saludables.

El joven tomaba notas afanosamente, pero el señor Just continuó:

—El tercer destructor celular son los alimentos lácteos: la leche, el queso, la nata y la mantequilla. El ser humano es la única criatura en la Tierra que bebe la leche de otro animal y la única que sigue tomando leche después de haber dejado atrás la infancia.

—¿Qué tienen de malo los alimentos lácteos? —preguntó el joven, a quien ya le preocupaba seriamente que no le quedara nada saludable para comer, aparte de hojas de lechuga y zanahorias.

—Los alimentos lácteos son muy buenos para los terneros, pero no para el ser humano. El veinte por ciento de la población no produce lactasa, que es necesaria para poder digerir la lactosa, el azúcar de la leche. Y se estima que de cada cinco personas, cuatro son alérgicas a la principal proteína contenida en los alimentos lácteos, llamada «caseína».

»Los lácteos son uno de los alimentos más destructivos que puedes tomar. Crean una enorme cantidad de mucosidades en el cuerpo, lo cual afecta a la digestión, pues esas mucosidades cubren las paredes del estómago y los intestinos, endureciéndose y formando una especie de barrera a través de la cual no pueden pasar los nutrientes. La mucosidad se acumula también en los pulmones y causa muchos desórdenes respiratorios, entre ellos la bronquitis y el asma. Además, los alimentos lácteos contienen cantidades muy elevadas de grasa, que como ya mencioné, genera muchas enfermedades de corazón.

—¿Acaso no necesitamos el calcio de los alimentos lácteos? –preguntó el joven.

—En absoluto –explicó el señor Just–. De hecho, está demostrado que quienes más alimentos lácteos toman suelen presentar niveles inferiores de calcio. Por ejemplo, la población de Noruega está entre los mayores consumidores de lácteos del mundo; sin embargo, presenta también uno de los porcentajes más elevados de osteoporosis del planeta. Por otra parte, el pueblo bantú, de África, consume menos de la cuarta parte de calcio de la que tomamos en los países occidentales, pero carece de enfermedades relacionadas con deficiencia de calcio. Es muy raro que se fracturen un hueso o que pierdan un diente. ¿Cuál crees que es el motivo? Su dieta baja en proteínas no esquilma el calcio corporal, al contrario de lo que ocurre con las dietas altamente proteínicas de los países occidentales.

»El calcio de los alimentos lácteos es absorbido con mucha dificultad y frecuentemente termina depositándose en las articulaciones, generando artritis, o en las paredes arteriales, endureciendo las arterias. La vaca se alimenta principalmente de hierba, que no contiene calcio alguno; sin embargo, en su leche produce grandes cantidades de este elemento. Del mismo modo, el ser humano obtiene todo el calcio que necesita de los vegetales verdes y de los cereales. Por ejemplo, una taza de brócoli contiene tanto calcio o más que una taza de leche.

»El cuarto destructor celular es la sal de mesa o cloruro sódico.

—¿Qué tiene de malo la sal? Siempre pensé que el cuerpo necesitaba sodio —dijo el joven.

—El cuerpo necesita sodio, pues ayuda a mantener un sano equilibrio en los líquidos, a poseer fuerza muscular, al correcto funcionamiento del sistema nervioso, y mantiene el equilibrio correcto de ácidos en la sangre y en la orina. Pero ya obtenemos todo el sodio que necesitamos de las frutas y los vegetales, como los tomates, el apio, las espinacas, la col, las zanahorias e incluso las fresas. La totalidad del sodio que nuestro cuerpo precisa puede obtenerlo fácilmente de las verduras y los alimentos integrales que comamos. Y todo exceso de sodio puede ser muy perjudicial.

»La mayoría de la gente toma demasiado en forma de sal de mesa. El cuerpo necesita aproximadamente tres mil miligramos de sodio al día, dependiendo de nuestro estilo de vida —con el sudor se puede perder mucho sodio—. Una cucharadita de sal contiene unos dos mil miligramos. Es decir, que muchas personas ingieren cuatro o cinco veces más sodio del que debieran, sobre todo si usan sal de mesa o comen alimentos enlatados y procesados, pues también éstos pueden contener grandes cantidades de sal.

»La sal de mesa es un sodio inorgánico, que ha sido blanqueado y refinado. Irrita el estómago y dificulta la digestión de otros alimentos. En su lugar es mucho mejor utilizar sal marina, pues está sin refinar y sin blanquear, y contiene minerales esenciales y oligoelementos necesarios para el cuerpo. Sin embargo, recuerda que el exceso de sodio puede causar retención de líquidos, restringiendo la cantidad de oxígeno que llega a las células, e incluso puede generar alta presión sanguínea. De hecho, la mayoría de los pacientes con enfermedades de corazón y con problemas de hígado y de riñón deben seguir dietas muy bajas en sodio. ¿No te parece que deberíamos desterrar de nuestra dieta la sal de mesa?

»El quinto destructor celular es el té, el café y el alcohol.

—Por supuesto que ya sabía que el exceso de alcohol no es bueno para la salud, pues daña al hígado y a los riñones, pero ¿qué tienen de malo el té y el café? –preguntó el joven.

—El té y el café, al igual que el alcohol, son estimulantes que dañan al cuerpo. Ambos contienen cafeína, que es una potente droga. Dos tazas de té o de café contienen una dosis farmacéutica de cafeína, suficiente para estimular el cerebro y elevar el nivel de azúcar en la sangre. Al principio te puedes sentir más alerta, pero ese efecto se pasa muy rápido. Entonces el nivel de azúcar en la sangre caerá más bajo de como estaba al principio, y te dejará más cansado que antes. Habrás notado que cuando tomas varias tazas de té o de café estás más nervioso y tu corazón bombea más rápido. A veces, incluso puede hacer que te tiemblen las manos.

El joven asintió. Era cierto, recordó que tan sólo unas semanas antes su mano había estado temblando ligeramente después de tomar cuatro tazas grandes de café, una tras otra.

El señor Just continuó:

—Pero la cafeína causa más daños que el simple estímulo del sistema nervioso y la elevación de los niveles de azúcar en la sangre: incrementa la presión sanguínea, eleva el colesterol, irrita el estómago y quema las provisiones corporales de vitamina B; además, el ácido oxálico contenido en el té y en el café puede dañar a los riñones. Un investigador especialista en alergias manifiesta que la cafeína es uno de los principales alimentos que causan reacciones alérgicas, entre ellas insomnio, dolores de cabeza, nerviosismo, irritabilidad y problemas cutáneos.

»Por su parte, el té contiene un «tanino» que puede interferir con la absorción del hierro, generando así anemia. Aunque en pequeñas cantidades el té y el café son inocuos, si se toman en exceso, es decir, más de dos tazas al día, pueden llegar a resultar muy dañinos.

El joven pensó cuidadosamente en las cinco reglas de la alimentación saludable, y fue dolorosamente consciente de que no había seguido ninguna de ellas. No era de extrañar que estuviera tan enfermo. Inevitablemente se sintió muy deprimido en relación con el tema de la nutrición.

—Entiendo lo que me dice —manifestó al señor Just—, pero ¿qué queda que pueda yo comer? Parece muy triste tener que vivir de hojas de col y ensalada.

—¡Oh, en absoluto! Nada de eso. Los alimentos integrales naturales no tienen por qué ser insípidos. Pueden llegar a ser la comida más deliciosa que puedas imaginar. Ven, déjame que te muestre.

Caminaron hasta el centro de la sala, donde había una amplia selección de diferentes platos. Sobre una mesa había dos tipos de sopa, una de ellas era crema de brócoli y la otra sopa de puerros con patatas; al lado estaban expuestos cinco tipos distintos de pan recién horneado. El joven reconoció el pan de centeno y el integral, pero nunca había oído hablar del pan de mijo o del pan negro. Más allá había una gran variedad de platos hermosamente presentados. El joven pudo percibir el olor de las hierbas aromáticas recién cocinadas. Se entretuvo leyendo los nombres: arroz integral con semillas de sésamo, *rissoto* de mijo, boniatos rellenos con *zuccini* y avellanas, verduras agridulces, *goulash* húngaro... Había también una amplia selección de vegetales crudos y de ensaladas.

Sobre otra mesa se veían numerosos recipientes con frutos secos, granolas y frutas recién troceadas. Incluso había una buena variedad de «cremas» no lácteas: de almendras y fresa, de nueces con grosellas, e incluso una que parecía y sabía como chocolate, hecha de algarrobas.

—Nunca había visto semejante variedad de comidas para el almuerzo –dijo el joven.

—Muchas gracias, nos esforzamos en complacer el paladar de nuestros distintos clientes –dijo su anfitrión.

Tras poner sobre su bandeja una sopa, pan de mijo y arroz con *goulash*, el joven volvió a su sitio.

—¿Qué te parece? —preguntó el anciano cuando el joven probaba el segundo bocado.

—Absolutamente delicioso —contestó entusiasmado.

—Además es una comida totalmente saludable y muy nutritiva —le aseguró el señor Just.

Comieron los dos juntos y el joven disfrutó realmente de cada bocado. Fue una de las comidas más deliciosas que había tomado en mucho tiempo, y ciertamente muy distinta a su usual hamburguesa con patatas. En aquel momento decidió ser más cuidadoso con la comida que tomara, y dar a su cuerpo sólo los mejores alimentos integrales.

****

Tras el almuerzo, el joven resumió las notas que había tomado:

Cuarto secreto de la Salud Abundante:
el poder de la nutrición abundante.

No puede haber salud abundante sin nutrición abundante: eres lo que comes, sin olvidar cuándo y cómo comes.

Éstas son las cinco reglas de la nutrición abundante:

– La buena nutrición es como construir una casa: debes escoger alimentos integrales, frescos, sin refinar y orgánicos.
– Una buena nutrición necesita una buena digestión. Por ello, debes masticar bien, comer en un estado

relajado y no picar nada entre comidas, ni a altas horas de la noche.

— ¡Más es menos! Nunca comas en exceso.

— El setenta por ciento de los alimentos deben ser ricos en agua.

— Evita los destructores celulares siempre que sea posible: el azúcar, la carne, el pescado, los lácteos, la sal de mesa, el té, el café y el alcohol.

EL QUINTO SECRETO
El poder de la risa

La siguiente persona de la lista era un joven periodista llamado Neil Collins. Tenía un cálido rostro con ojos sonrientes, y al mismo tiempo mostraba una aureola familiar y un ánimo vital que el joven ya había notado en las demás personas entrevistadas anteriormente.

—¡Ese chino es algo especial!, ¿no crees? —le dijo el señor Collins al joven—. Gracias a su milagrosa medicina salvé la vida.

—¿Milagrosa medicina? —repitió el joven—. ¡A mí sin embargo me dijo que los medicamentos raramente curan ninguna enfermedad!

—Bueno, esta medicina a la que me refiero no viene en ningún tarro. De hecho, es una medicina que muy pocos médicos recetan y que, por supuesto, no se encuentra en las farmacias.

El joven estaba intrigado. ¿De qué estaba hablando el periodista?

Pero el señor Collins continuó:

—Sin embargo, es una medicina de la que se lleva hablando más de tres mil años, y en tiempos recientes, se ha demostrado que no sólo cura muchas enfermedades, sino que también es de gran ayuda para mantener la salud. Es una medicina sencilla, disponible para todos, en cualquier lugar y en cualquier momento...

—¿Qué medicina es ésa? —preguntó finalmente el joven.

—¡La risa! —respondió con una gran carcajada al ver la expresión incrédula en el rostro de su acompañante.

—Debe de estar bromeando —dijo el joven con incredulidad.

—No, en absoluto —respondió el señor Collins—. Déjame contarte mi historia. Hace diez años estaba totalmente incapacitado, tendido en la cama de un hospital, sufriendo una enfermedad artrítica llamada espondilitis anquilosante. Se trata de una enfermedad degenerativa, que afecta a los tejidos que rodean la columna vertebral y que produce un dolor muy agudo. El pronóstico no era nada bueno. Los médicos me dijeron que sólo un enfermo entre quinientos se recupera.

»Mi situación fue empeorando. Los calmantes se volvieron cada vez menos efectivos, y finalmente el dolor estaba presente todo el tiempo, día y noche. Sinceramente, no sabía cuánto más podría soportar. Me desesperé y pensé que iba a morir, cuando un día, de repente, ocurrió el milagro. Un médico nuevo llegó a mi habitación y me preguntó cómo me sentía. Le dije lo mal que estaba y él me respondió que necesitaba algo mejor que me ayudara a liberarme del dolor.

»Me dijo que tenía que ver a alguien, pero regresaría más tarde. Mientras tanto me sugirió que viera la televisión para distraer la mente. Él mismo encendió el televisor, con la suerte de que estaban pasando uno de mis programas favoritos, una serie llamada *Cheers*. ¿Has visto alguna vez *Cheers*?

—Sí, es también uno de mis programas favoritos.

—Bueno, el episodio de aquella noche era hilarante. Debe de ser uno de los más graciosos que he visto en mi vida. Y no hice más que reír y reír. El médico volvió al final de la serie, y me preguntó de nuevo cómo me sentía. Sólo entonces me di cuenta de que... ¡no tenía dolores! Era algo increíble. Desde el inicio de mi enfermedad aquélla era la primera vez que había estado libre de dolor.

»El médico no se sorprendió. Dijo que la risa era una de las mejores medicinas que él conocía. Charlamos un rato sobre mi salud y me dio los nombres de algunos colegas suyos que, según me dijo, podían ayudarme una vez saliera del hospital. Sin embargo, unas horas más tarde el dolor volvió. Iba a deprimirme de nuevo pero de momento se me ocurrió algo.

—¿Qué fue? –preguntó el joven, ansioso por saberlo.

—Todo lo que necesitaba era encontrar algo que me hiciera reír. Hice que me trajeran un aparato de vídeo a la habitación y me dediqué a ver otros episodios de *Cheers* que previamente había grabado. Y justo como yo imaginaba, funcionó. El dolor remitió de nuevo y posteriormente lo hizo una y otra vez. Realmente la risa aliviaba el dolor. Tanto es así que unos días después decidí abandonar el hospital, pues la comida era poco apetitosa y el aire estaba cargado. Yo sentía que estaría mucho mejor en algún lugar del campo, con aire fresco, agua pura y alimentos de calidad. Así, me mudé a un tranquilo hotel en el campo y me dediqué a ver grandes cantidades de vídeos graciosos, películas y programas de televisión que me hicieron reír.

»Por supuesto, junto con mucha risa, también me aseguré de seguir una dieta nutritiva y de respirar aire puro. También poco a poco fui realizando cada vez más ejercicio físico. Son varias las cosas que se necesitan para crear una vida saludable, son muchas las leyes de la naturaleza que deben ser respetadas, y yo las aprendí de las personas que estaban en la lista que el médico me dio. Pero en mi caso lo que más me ayudó en mi recuperación fue la risa.

»Cuatro meses después, el dolor había desaparecido por completo y el examen que me hicieron en el hospital mostró que estaba totalmente curado. No quedaba ni rastro de la enfermedad. Había salido vencedor de una enfermedad en la que, usando la medicina convencional, menos de una persona en cada quinientas logra recuperarse. Sin embargo, no había tomado ningún tipo de pastillas ni medicamentos, salvo un buen suministro de risas.

—Es sorprendente –dijo el joven–, pero ¿por qué cree usted que la risa le pudo ayudar tanto?

—Ésa es una pregunta interesante, que en aquella época yo me hice muchas veces. Estuve investigando un poco y así descubrí algunos estudios increíbles que mostraban por qué la risa es tan benéfica para la salud. ¿Sabes? La risa tiene un efecto maravilloso sobre nuestro cuerpo. Por ejemplo, hace que el cerebro libere las sustancias conocidas como endorfinas, que son calmantes naturales y que al mismo tiempo potencian nuestro sistema inmunológico.

»La risa también incrementa la actividad respiratoria, ejercitando el corazón y los pulmones, lo cual nos permite obtener más oxígeno, y ya sabes que el oxígeno es absolutamente necesario para la salud.

—Sí, hace unas semanas una maestra de yoga me enseñó lo importante que es la respiración para la salud –interrumpió el joven.

—Bueno, pues la risa es una de las formas más agradables y efectivas de aumentar la capacidad pulmonar. Una buena carcajada estimula también los intestinos, y masajea los órganos y los tejidos del abdomen. Es decir, que cada vez que te ríes aumenta el suministro de sangre a todos los órganos vitales.

»La risa también contribuye a nuestra salud mental. Diversos estudios han demostrado que la gente se concentra mejor después de haber reído. La risa incluso reduce los efectos negativos del estrés. Por ejemplo, ¿sabías que los niveles de las hormonas del estrés –adrenalina y cortisol– descienden cuando reímos? Y mira esto –dijo el periodista mientras tomaba un libro de su estantería.

Se trataba de la Biblia, en la que estuvo pasando páginas hasta hallar lo que buscaba.

—Aquí está. Lee. Proverbios 17: 22.

Y le pasó la Biblia al joven, quien leyó: «Un corazón feliz vale más que la mejor medicina».

—Estas palabras fueron escritas hace tres mil años; sin embargo, la profesión médica todavía las ignora, pero créeme, nunca se escribieron palabras más ciertas. La risa es una medicina que te ayudará a vencer cualquier enfermedad y te ayudará a mantenerte sano.

En ese momento el joven se dio cuenta de lo poco que había reído en los últimos meses. Atrapado en el estrés y las tensiones de la vida diaria, se había vuelto serio y tenso.

—No es fácil reír cuando la vida es tan estresante.

—Sí, tienes toda la razón –dijo el señor Collins–. Sin embargo, es en los momentos de estrés cuando más necesitamos reír. Lo que debemos hacer en las situaciones estresantes es buscar algo gracioso y preguntarnos a nosotros mismos: «¿Qué hay de gracioso en esta situación?», o bien: «¿Qué podría haber de gracioso en esta situación?».

»En la vida, solemos encontrar siempre aquello que andamos buscando. Si lo que buscas es magia, tu vida será mágica. Si lo que buscas son desastres, tu vida estará llena de ellos. Sin embargo, si lo que buscas es risa, tendrás una vida agradable y llena de salud.

»Déjame que te pregunte esto: ¿has tenido alguna vez una experiencia que en su momento te pareciera desagradable y sin embargo unos meses después te reías de ella?

El joven asintió. Se acordó de un incidente ocurrido años atrás, una noche en la que él trataba de impresionar a una amiga, cuando un camarero tropezó y volcó sobre él una bandeja llena de postres. En aquel momento se enfureció, sintiéndose terriblemente frustrado. Sin embargo, una semana después se reía al comentarlo con los amigos.

—¿Por qué esperar para reírte? —continuó el señor Collins—. ¿Por qué no ver el lado gracioso de la vida en el momento en que ocurre? La vida es un drama, pero tú lo puedes convertir en una tragedia o en una comedia... Todo depende de ti.

El joven estaba muy emocionado ante aquella revelación y había ya decidido hacer un cambio en su vida.

—Tengo que decirle —manifestó el joven al señor Collins mientras cerraba su libro de notas— que todo esto me parece fantástico y que en realidad tiene mucho sentido. A partir de hoy voy a tomarme menos en serio y procuraré asegurarme de que cada día tengo una buena dosis de risa. Una cosa más —preguntó—. El médico que le visitó aquel día era un anciano chino, ¿no es así?

—Por supuesto, ¿quién podía ser si no? —respondió el periodista—. Y voy a decirte algo: supe que había ocurrido un milagro cuando una vez ya totalmente curado fui al hospital a ver a mi médico. Me dijo que nunca antes había visto una recuperación tan espectacular en un paciente en circunstancias como las mías. Le dije que todo había sido gracias a su colega, el anciano doctor chino. El médico me respondió que no tenía ni idea de quién estaba hablando, pues en aquel hospital no trabajaba ningún médico chino. No sé quién es ese anciano ni de dónde procede, pero lo que sí puedo decir es que no es un hombre ordinario.

El joven, por supuesto, sospechaba algo así desde el principio, y las historias que le iban contando confirmaban sus suposiciones. El camino hacia la salud abundante se abría ante él y lo iba llevando hacia sencillas verdades que son la base de una vida sana.

—Antes de que te vayas –dijo el periodista–, ¿conoces el chiste del hombre que llega a un bar con un cocodrilo...?

En la antesala de la oficina del señor Collins, la secretaria escuchó el sonido de dos hombres que tomaban su medicina favorita... la risa.

****

Más tarde, aquel mismo día, el joven repasó las notas tomadas en aquella entrevista.

Quinto secreto de la salud abundante:
la risa es un sanador atemporal.

La risa:
— Es una medicina efectiva que ayuda a aliviar el dolor y a curar muchas enfermedades.
— Mejora la respiración, ejercita el corazón y los pulmones, ayuda a los intestinos y masajea todos los órganos internos.
— Potencia el sistema inmunológico, mejora la concentración y alivia el estrés mental.

EL SEXTO SECRETO
El poder del descanso

Hasta la siguiente semana, el joven no pudo ver a la próxima persona de la lista que le había entregado el anciano. Durante ese tiempo siguió los consejos que le habían dado y se sorprendió de ver cómo había empezado ya a mejorar. Su familia y sus amigos notaron igualmente el cambio. Si antes había albergado algunas dudas acerca de los secretos de la Salud Abundante, ahora éstas habían desaparecido. No recordaba ya cuándo fue la última vez que se sintió tan bien.

Richard Shaw era «consultor sobre el estrés» y muy distinto de otros hombres de negocios exitosos que el joven había conocido anteriormente. Tenía un rostro saludable y resplandeciente, con ojos chispeantes y modales tranquilos y relajados.

—¿De modo que quieres aprender acerca de los secretos de la Salud Abundante? —preguntó el señor Shaw al joven—. Yo los descubrí hará unos quince años. Entonces mi vida era totalmente diferente, te lo aseguro. En esa época yo era un exitoso agente de bolsa. Ganaba mucho dinero, pero al mismo tiempo era muy pobre.

—¿Qué quiere decir? —preguntó el joven.

—Mi salud era muy pobre, y sin salud ¿de qué sirve el dinero y las posesiones materiales? Yo trabajaba mucho, algunas veces hasta dieciséis horas al día, y siempre bajo un estrés intenso. Manejaba grandes sumas de dinero, literalmente muchos millones cada día. Una decisión equivocada podía suponer pérdidas de cientos de miles, tal vez de millones, de libras.

—Ciertamente, una gran presión —manifestó el joven.

—Sí, créeme, y esa presión empezó pronto a pasarme factura. Cada vez me resultaba más difícil relajarme y pronto terminé tomando alcohol para tranquilizarme al final del día. Algunas veces, estaba tan tenso que incluso tenía que tomar tranquilizantes. Con los años, me convertí en un manojo de nervios. Tenía la presión arterial alta, úlcera de estómago y terribles dolores de cabeza. Aunque ganaba mucho dinero, en lo referente a mi salud estaba totalmente en quiebra, viviendo de tiempo prestado.

—Entonces, ¿qué fue lo que propició el cambio? —preguntó el joven.

—Un viaje en tren —respondió el señor Shaw.

El joven pareció sorprendido.

—¿Qué quiere decir?

—Un día, volvía en tren a casa cuando de pronto se quedó parado entre dos estaciones. El vagón estaba abarrotado, y cuanto más tardaba en reanudarse la marcha, más tenso y agitado estaba yo. Mi pecho empezó a endurecerse y me costaba ya trabajo mantener el aliento. En aquel momento no lo supe, pero en realidad era un ataque cardíaco.

»Lo siguiente que recuerdo es que estaba acostado mirando el rostro de un anciano chino, que se hallaba arrodillado a mi lado. Me examinó los ojos y me dijo que había sufrido un infarto suave y que tenía un gran agotamiento nervioso.

»Me llevó al hospital más próximo para que me realizaran un examen exhaustivo y en el camino me habló de los efectos que mi estilo de vida estaba teniendo sobre mi salud. Fue entonces cuando por primera vez oí hablar acerca de los secretos de la Salud Abundante. Yo no tenía ni idea de que cosas tan sencillas como el alimento que tomamos o el ejercicio fueran tan importantes para nuestra salud. El anciano chino me dio una lista de personas que según él me enseñarían los secretos de la Salud Abundante. Muy pronto descubrí que mi estilo de vida me había llevado hacia la enfermedad, alejándome de la salud. Sin embargo, lo que había olvidado totalmente en mi vida laboral era la sexta ley de la Salud Abundante: el poder del descanso y de la relajación.

—¿Qué es eso? —preguntó el joven.

—El descanso rejuvenece la mente, el cuerpo y el espíritu. Sin descanso mental y corporal nunca se podrá lograr la salud abundante. Si uno piensa en ello, parece muy sencillo. Sin embargo, es algo que todos tendemos a ignorar.

En este mundo, toda criatura viva necesita descansar: las personas, los animales, incluso la tierra. El descanso es una parte importante del diseño de la naturaleza. Todo en los reinos vegetal y animal descansa en su debido momento. La Biblia menciona que incluso Dios descansó el séptimo día, una vez creado el mundo.

»Sin embargo, los seres humanos con frecuencia creen que pueden vivir sin descanso. Corremos como locos por la vida con un ritmo frenético, sin detenernos ni siquiera un momento. No tenemos tiempo de observar la brillante puesta de sol en una tarde de verano, ni de percibir el dulce aroma de las flores de cerezo en la primavera, ni para escuchar el canto de los pájaros. Te habrás dado cuenta de que en una época en la que tenemos tantos aparatos que nos ahorran tiempo: teléfonos, faxes, lavadoras, secadoras, aspiradoras, ordenadores, coches, aviones, etc., seguimos sin tener tiempo. Parece que el ser humano corre más de lo que nunca lo hizo.

»Normalmente nos llevamos las tensiones de un día para el día siguiente, y luego al siguiente... y al siguiente. Por eso tanta gente se pasa el día cansada y sufre fatiga y otras enfermedades crónicas.

»Yo estaba como tantos otros: muy estresado y continuamente exhausto. Pero, por fortuna para mí, todavía no era demasiado tarde para hacer cambios. Aprendí a relajarme y a descansar adecuadamente. A consecuencia de ello mi salud cambió de forma espectacular. Todos los síntomas anteriores desaparecieron y mi presión sanguínea en pocas semanas era normal. Algo increíble.

—¿De verdad? –preguntó el joven–. ¿Tan sólo descansando más? ¿Tan importante fue el descanso en su recuperación?

—Absolutamente –dijo el señor Shaw–. El descanso físico y mental es esencial para nuestro bienestar. Investigaciones científicas han demostrado que la relajación física y mental reduce la cantidad de oxígeno que el cuerpo necesita hasta un cincuenta por ciento y el trabajo del corazón desciende hasta un treinta, por lo que baja notablemente la presión sanguínea. La relajación profunda reduce también el nivel de lactato en la sangre, sustancia relacionada con la ansiedad, con la neurosis y con la elevada presión sanguínea. Diversos estudios han mostrado que tras haber descansado, las ondas cerebrales siguen un patrón mucho más sincronizado, que los tiempos de alerta y de reacción se acortan, y que tanto la memoria de corto como la de largo plazo se incrementan notablemente.

»Con el adecuado descanso se duerme mejor, se sufren menos dolores de cabeza y se dispone de más energía y de una salud general mucho mejor. No hace falta mencionar que el hecho de estar descansado mejora las relaciones familiares y sociales, pues el individuo está menos irritable. No hay ninguna duda de que el descanso y la relajación son vitales para la salud y el bienestar.

—Todo esto es muy interesante, pero ¿cómo puede usted estar seguro de sentirse relajado y haber descansado lo suficiente? –preguntó el joven–. Cuando uno está estresado es muy difícil relajarse; usted mismo mencionó que tuvo que recurrir al alcohol y a los tranquilizantes.

—Ésta es una buena pregunta que merece la mejor de mis respuestas —dijo el señor Shaw—. Lo primero que hay que hacer es aprender a descansar la mente. Cada día debemos dedicar un tiempo a pararnos y contemplar, a meditar y relajarnos. La mayoría de las personas no pueden trabajar eficientemente durante más de una hora seguida sin tomar un breve descanso. Tras ese lapso la concentración comienza a disiparse, por lo que trabajar durante largos periodos sin descansar es contraproducente. En la oficina, es necesario realizar descansos cortos y frecuentes. De este modo los empleados son más eficientes, cometen menos errores y si se les permite tomar cortos descansos, con frecuencia son más creativos y productivos. Un descanso de aproximadamente diez minutos es un tiempo muy bien gastado, no sólo para la salud, sino también para el trabajo. Eso es todo lo que se necesita para que descansen tanto el cuerpo como la mente. Es como unas pequeñas vacaciones mentales, que calman el sistema nervioso y nos dejan frescos y llenos de energía.

—¿No es eso lo que hacemos al dormir?

—No necesariamente. Es cierto que todos necesitamos dormir, pero ¿nunca te has despertado por la mañana tras una larga noche de sueño sintiéndote tan cansado como al acostarte?

—Sí, en realidad con mucha frecuencia —asintió el joven.

—¿Podrías decir en estos casos que has descansado bien?

—Supongo que no. —El joven pensó que aunque normalmente dormía mucho, también solía despertarse siempre cansado.

—El hecho de dormir muchas horas no significa que descanses lo suficiente. El sueño es lo importante; la mayoría de la gente necesita dormir entre seis y ocho horas, pero el descanso adecuado requiere una actitud de calma y paz, de lo contrario la mente continuará molestándote mientras duermes. La mayor parte de las personas se preocupan por asuntos pequeños e incluso triviales, y eso socava su energía y les roba el precioso descanso.

—Soy un vicioso de las preocupaciones –dijo el joven–. Siempre lo he sido.

—¡Porque siempre lo hayas sido no significa necesariamente que debas seguir siéndolo! El pasado no tiene por qué prolongarse hacia el futuro. ¡Sólo cuando haces lo que siempre hiciste obtienes los resultados que siempre obtuviste! Créeme, puedes cambiar. Hay una fórmula muy sencilla, de dos pasos, para dejar de preocuparse y desarrollar una actitud tranquila.

—¿Qué fórmula es ésa? –preguntó el joven.

—Muy sencillo. El primer paso es: *no te preocupes por las pequeñeces de la vida*. Y el segundo es: *recuerda que en esta vida la inmensa mayoría de los asuntos son pequeñeces*. Debemos tomarnos la vida con un poco menos de seriedad, y cuando uno se encuentra cansado y frustrado, debe simplemente hacerse esta pregunta: «Dentro de diez años, ¿me preocuparé por esto?». Si la respuesta es no, sin duda te hallas ante una pequeñez que no merece que gastes tu tiempo preocupándote por ella.

»Para que el cuerpo y la mente descansen debemos también aprender a tomar sólo un día a la vez. Jesús dijo: «Danos el pan nuestro de cada día». No el de ayer o el de mañana, sino el de hoy. Tenemos que aprender a vivir un día a la vez. Si continuamente estamos arrepintiéndonos por el pasado o preocupándonos por el futuro, no podremos descansar.

»Otra forma importante de asegurarte de que obtienes el descanso necesario es cada siete días dedicar uno a descansar. Un día para olvidarte de los problemas de la oficina, de las cuentas pendientes de pagar y de las preocupaciones sociales. Uno de cada siete días dedícalo a disfrutarlo con tu familia, a liberar la tensión acumulada y a relajarte.

»Tan sólo un día a la semana parece algo muy simple pero realmente su efecto es vital. Todas las grandes religiones incluyen el mandamiento del descanso semanal. Tal vez Dios nos dio el sabbat para recordarnos que es necesario un tiempo para detenernos, para dedicarnos a la contemplación y al descanso. Una especie de santuario en el que nos pongamos en paz con nosotros mismos y con el mundo.

El joven pensó de nuevo en su propia vida. Cada día hacía sus tareas. Durante toda la semana trabajaba muy duro y estaba igualmente ocupado todo el fin de semana. Con frecuencia se llevaba trabajo a casa. No era de extrañar que se sintiera tan cansado.

—Otra forma muy rápida y fácil de ayudarte a relajar es la respiración profunda —dijo el señor Shaw.

—¡Oh sí! Ya conocí a una señora encantadora que me explicó cómo realizar ejercicios de respiración —le interrumpió el joven—. La respiración profunda ayuda a limpiar el sistema linfático y a alimentar los tejidos.

—Así es, pero también ayuda a relajar la mente y el cuerpo —añadió el hombre de negocios—. Cuando estás estresado y tenso, los músculos del pecho se tensan también y eso acarrea diversos problemas de salud. La respiración profunda ayuda a relajar el pecho y calma el sistema nervioso. Aquellos que están muy tensos normalmente respiran de un modo muy superficial, mientras que los que están tranquilos y relajados lo hacen de una manera mucho más profunda.

»Éstos son los principios fundamentales del descanso y, créeme, cambiaron completamente mi vida. Todavía me asombro al pensar cómo un pequeño infarto me salvó la vida, dándole un giro de ciento ochenta grados. Y todo gracias al encuentro fortuito con un anciano chino que me hizo ser consciente de la importancia que tienen el descanso y la relajación.

****

Aquella noche, ya en su casa, el joven releyó las notas que había tomado durante la entrevista.

Sexto secreto de la Salud Abundante:
El poder del descanso y de la relajación.
La Salud Abundante no se puede lograr sin descansar el cuerpo y la mente.

El descanso:
— Rejuvenece el cuerpo, la mente y el espíritu.
— Es vital para la salud física y emocional; llega a reducir hasta en un cincuenta por ciento las necesidades corporales de oxígeno.

— Reduce la carga de trabajo del corazón hasta en un treinta por ciento.
— Disminuye la presión sanguínea
— Incrementa la memoria de corto y largo alcance.

Deberás hacer esto:

• Durante el día tómate descansos cortos.
• Utiliza la fórmula de dos pasos para dejar de preocuparte.
• Descansa un día a la semana.
• Realiza ejercicios de respiración profunda, especialmente cuando te sientas estresado o nervioso.

EL SÉPTIMO SECRETO
El poder de la postura

La séptima persona de la lista era un hombre llamado Ian Townsend. El señor Townsend era dentista. Trabajaba en su casa, situada en las afueras de la ciudad. El joven sentía un poco de aprensión ante la idea de ir a verlo, pues nunca le había hecho gracia visitar a un odontólogo. También se preguntaba qué podría un dentista enseñarle acerca de la Salud Abundante.

La cita era el sábado a las diez de la mañana y como siempre, el joven llegó mucho antes, con su bloc de notas en la mano y, en esta ocasión, con los dientes muy bien cepillados.

A su encuentro salió un hombre de baja estatura y aspecto de lo más normal, informalmente vestido con una camiseta blanca y pantalones tejanos.

—¡Buenos días! ¿El señor Townsend? —preguntó el joven.

—Yo soy. Es un placer conocerte. Pasa, por favor.

Para su gran sorpresa, no lo llevó a la consulta dental, sino al salón de su casa.

—Entonces, ¿fue un anciano chino quien le dio mi nombre? —preguntó el señor Townsend—. Lo conocí hará unos diez años... pero si cierro los ojos, todavía puedo verlo y oír su voz.

»En aquella época me hallaba muy deprimido. Estaba pasando por un momento muy difícil. Mi salud física se estaba también deteriorando. Sufría de bronquitis recurrentes y de una terrible indigestión. Todos los exámenes clínicos salían negativos, los médicos no podían hallar nada malo en mí, pero yo sabía que algo debía de estar causando aquellos síntomas tan desagradables. Si no tuviese nada, como insistía el médico, no me sentiría constantemente tan mal.

»No quería tomar medicamentos para controlar mi estado de ánimo pero ya comenzaba a desesperarme. Entonces, una oscura y fría mañana, justo un poco antes de Navidad, me encontré con tu amigo, el anciano chino... ¡y mi vida cambió!

El joven se sentó encantado, mientras el señor Townsend siguió contándole su historia.

—Me hallaba paseando al perro por el parque, como cada mañana. La hierba estaba cubierta de escarcha, el día apenas comenzaba a despuntar y recuerdo que la luna llena era todavía visible en el cielo. Me entretenía lanzando palos, para que el perro los trajese de nuevo, cuando de pronto me sobrevino un ataque de tos. Fue muy intenso y extremadamente doloroso. Lo siguiente que recuerdo fue el contacto de una mano en mi espalda y el sonido de una amable voz oriental diciéndome que me sentara. Entonces vi que, junto a mí, estaba en pie un anciano chino; de pronto sentí el calor que irradiaba de su mano y casi instantáneamente dejé de toser.

»Nos sentamos ambos en un banco y charlamos durante unos momentos. Fue entonces cuando, por primera vez, oí hablar de los diez secretos de la Salud Abundante. No hace falta decir que había varios cambios importantes que debía realizar en mi vida, pero en mi caso una cosa era especialmente relevante, algo que nunca antes había tenido en cuenta...: ¡el poder de la postura!

—¿Qué quiere usted decir? —preguntó asombrado el joven, sentándose más derecho en su silla.

—Bueno, siendo dentista, estoy continuamente inclinado sobre el paciente y, con los años, empecé a desarrollar hombros redondeados y una espalda arqueada. Actualmente es algo que le ocurre a mucha gente. Muchas profesiones, especialmente los trabajos sedentarios, pueden causar malas posturas. Otras veces la mala postura procede de hábitos dañinos adquiridos en la infancia. ¿Sabías que en los países occidentales los niños pasan una media de cinco horas al día sentados frente al televisor? Y eso sin mencionar el tiempo que están jugando en el ordenador. El cuerpo humano no fue diseñado para llevar una vida sedentaria. Tu postura —la forma en que te mantienes de pie o sentado, así como tu forma de caminar— es crucial para tu salud.

—¿Por qué es tan importante la postura? —inquirió perplejo el joven.

—Muy sencillo. Para que los tejidos y los órganos puedan funcionar adecuada y saludablemente, necesitan dos cosas: un buen suministro de sangre y un buen suministro nervioso. La sangre les lleva los nutrientes y el oxígeno que precisan para alimentarse y librarse de los desechos, y los nervios les llevan una especie de corriente eléctrica, necesaria para la energía. Si alguna de ellas falta o no es la adecuada, los tejidos comienzan a degenerar, a decaer. Y, ¿qué es lo que controla el suministro sanguíneo y nervioso que circula por tu cuerpo? ¡La postura! Imagínate una manguera de riego. ¿Qué sucede cuando la doblas?

—El agua cesa de fluir —respondió el joven.

—Exactamente. Lo mismo les ocurre a los vasos sanguíneos y a los nervios. Si se hallan pinzados o presionados por una articulación desplazada o por un músculo agarrotado, la circulación sanguínea y la red nerviosa resultan perjudicadas.

Por la expresión del joven, el señor Townsend comprendió que éste todavía se hallaba bastante confuso.

—Imagínate tu columna vertebral —siguió diciendo el dentista—. Tiene veintiséis vértebras y por dentro de todas ellas pasan vasos sanguíneos y nervios. Son los que alimentan al resto del cuerpo. Cuando te sientas indebidamente, las vértebras pueden pinzar los vasos sanguíneos y los nervios, por lo que, al igual que el agua deja de fluir por una manguera presionada, estamos literalmente condenando a nuestros tejidos y órganos a la inanición.

»La mala postura nos lleva a una mala salud. Los músculos del pecho se debilitan, dando paso a la bronquitis y a otros problemas respiratorios —que es justamente lo que me ocurrió a mí—; los músculos del abdomen se debilitan también y consecuentemente los órganos abdominales comienzan a no funcionar con toda su capacidad, lo cual puede conducir a una multitud de desórdenes digestivos. Mucha gente con ese tipo de problemas, entre ellos el «síndrome del intestino perezoso», tratan de arreglarlo poniéndose a dieta. El resultado es que pierden peso, pero su problema abdominal continúa. Si tu postura no es la adecuada, la dieta nunca arreglará el problema.

—Es decir, ¿que para lograr un vientre plano y duro la postura puede llegar a ser tan importante como la alimentación?

—Totalmente. Sin embargo, la postura hace mucho más que ayudar a reducir la barriga. La postura es la clave de la energía. La medicina antigua consideraba al abdomen como el centro energético del cuerpo. Es lo que en las culturas orientales se conoce como *Hara*. Si el abdomen está débil, este centro energético está débil, y en consecuencia nos sentiremos cansados y decaídos.

El joven tomaba notas mientras el dentista seguía hablando.

—Y uno de los hechos menos conocidos en relación con la postura es que tiene una gran influencia sobre nuestras emociones.

—¿Cómo es posible eso? –preguntó el joven.

—La postura tiene una gran influencia sobre nuestro estado de ánimo. ¿Has visto alguna vez a alguien deprimido que se mantenga erecto, sacando el pecho, respirando profundamente y sonriendo?

El joven sacudió la cabeza.

——¿Y sabes por qué? —continuó el señor Townsend—. Porque el cerebro es estimulado por la postura. Cuando estamos deprimidos dejamos caer los hombros automáticamente y tenemos la tendencia a mirar hacia abajo más que hacia el frente o hacia arriba. Lo más interesante es que, una vez somos conscientes de esta conexión, podemos fácilmente controlar nuestras emociones y superar los estados depresivos simplemente modificando nuestra postura.

»Mira, si te mantienes en pie —o sentado— en una postura erecta, con la cabeza levantada, respirando profundamente y sonriendo —incluso si no tienes ninguna razón para sonreír—, es virtualmente imposible que te sientas deprimido.

——¡No puede ser tan sencillo! —insistió el joven—. La depresión es un estado emocional muy complejo.

——No estoy diciendo que corregir la postura sea la única respuesta a la depresión, pues en ella inciden muchos otros factores que deben ser tenidos en cuenta, como las actitudes negativas, la falta de fe y las emociones suprimidas, y quizás incluso sea necesario acudir a una terapia. Lo que estoy diciendo es que podemos cambiar nuestro estado emocional de negativo a positivo, que todos podemos salir de un estado depresivo simplemente modificando nuestra postura.

»Pero no tienes por qué creer lo que te estoy diciendo: pruébalo por ti mismo —le dijo el dentista—. Siéntate erecto, saca el mentón e imagina que alguien tira de tu cabeza hacia arriba. Al mismo tiempo, respira profundamente y sonríe.

El joven se sintió avergonzado, pero siguió esas instrucciones, y para su gran sorpresa inmediatamente comenzó a sentir más energía y más fuerza. Aquello era muy sencillo, parecía tener sentido y lo más importante de todo, ¡funcionaba!

—Si el estado depresivo nos lleva a una postura mala —preguntó el joven—, ¿significa eso que una situación de felicidad nos ayuda a mejorar la postura?

—Naturalmente. ¿No has notado que la gente optimista y feliz parece tener la cabeza más levantada, mientras los deprimidos la tienen hundida y miran hacia el suelo la mayor parte del tiempo?

—Es sorprendente —dijo el joven asombrado por la sencillez de lo que estaba oyendo—. ¿Y cómo hace uno para mejorar su postura?

—Existen varias formas sencillas de enseñar a tu organismo a mantener la postura correcta. Recuerda que el cuerpo instintivamente «sabe» cuál es la postura en la que debe estar, lo malo es que ha aprendido malos hábitos. Lo primero y más importante es *ser consciente*. Una vez que eres consciente de la importancia de la postura, automáticamente lo serás de cuál es la postura que mantienes en cada momento. Por eso, hace un rato, la primera vez que mencioné la palabra «postura», automáticamente te sentaste más erecto en la silla.

»Sin embargo, una postura sana nunca es forzada. Algunos creen que deben estar siempre como un soldado —sacando el pecho y escondiendo el estómago—, pero esto no es necesario. Debes mantener tu cabeza levantada, con los hombros relajados, las caderas un poco hacia delante y las rodillas sin bloquear, muy ligeramente dobladas.

»El secreto para desarrollar una postura sana es la conciencia. Durante el día debemos dedicar un tiempo a hacernos conscientes del modo en que estamos sentados, en pie o incluso de nuestra forma de andar. Debemos empezar a descubrir nuestros hábitos posturales, el modo en que en el trabajo permanecemos sentados o en pie, la manera en que permanecemos sentados cuando vemos la televisión, cómo estamos en pie mientras esperamos en una cola, etc. Cuando descubras que estás encorvado, o tenso, haz unas cuantas respiraciones profundas e imagínate que desde arriba tiran suavemente de tu cabeza.

»No olvides que todos somos diferentes. Las dimensiones de nuestras piernas, brazos y tronco son distintas en cada uno de nosotros. El centro de gravedad varía de una persona a otra, por lo cual la mejor postura para un individuo puede no serlo para otro. Pero todos podemos reaprender esa mejor postura.

—¿Cómo? –preguntó el joven.

—Es muy importante ser conscientes de nuestros malos hábitos, y corregirlos. Por ejemplo, muchas secretarias y muchos oficinistas distorsionan la postura de la parte superior de su espalda y del cuello manteniendo el teléfono entre el hombro y la oreja. A consecuencia de esto, los músculos de un lado llegan a ser más fuertes que los del otro, lo que genera una tensión que termina por desplazar las vértebras de su lugar.

El joven tragó saliva, pues con frecuencia mantenía el teléfono de esa forma. El dentista continuó:

—Los padres que llevan siempre al niño en el mismo brazo y los vendedores que siempre sostienen su maletín en la misma mano terminan también dañando su postura, igual que los carteros que llevan su pesada cartera siempre colgando del mismo hombro. Especialmente grave es cuando estas situaciones se dan en los niños, ya que al estar sus huesos todavía desarrollándose, esto puede generar problemas posturales para toda la vida.

»Algunos deportes son también unilaterales, y distorsionan la postura del atleta. El tenis es un buen ejemplo. Cada vez que el tenista realiza un servicio, dobla y gira la espalda de un cierto modo. Con el tiempo esto puede causar problemas, pues uno de sus costados será más fuerte que el otro. Como ves, el secreto de la postura correcta es el equilibrio. Los movimientos continuos unilaterales terminan creando desequilibrio.

—¿No querrá usted decir que no deberían practicarse los deportes unilaterales, como el tenis o el golf? ¿O que las madres no deberían llevar a sus hijos en brazos? ¿O que los agentes comerciales tendrían que dejar en casa sus maletines? –preguntó el joven.

—Por supuesto que no. Yo mismo juego al tenis con cierta frecuencia –le aseguró el dentista–. También soy padre. Si practicamos ciertos deportes o nos vemos obligados a realizar movimientos desequilibrados, lo que tenemos que hacer es corregir ese desequilibrio.

—¿Y cómo se hace eso?

—Es muy sencillo. Las articulaciones se mantienen en su lugar gracias a los tejidos blandos: los músculos, los tendones y los ligamentos. Si los músculos en uno de los lados de una determinada articulación son más fuertes que los del otro lado, la articulación terminará saliéndose de su lugar correcto, generando una postura desequilibrada. Es decir, si con frecuencia mantenemos el teléfono entre el hombro y la oreja una y otra vez, tendremos que estirar asiduamente el cuello en el otro sentido. Si jugamos al tenis de forma habitual, antes, durante el juego y después del juego, sería bueno girar y estirar el torso en el sentido opuesto al movimiento usual cuando hacemos un servicio o golpeamos la pelota. Si llevamos niños en brazos o transportamos con frecuencia un pesado maletín, es importante utilizar alternativamente ambos brazos. Todo esto es de sentido común.

—Ya veo que tiene sentido. ¿Hay alguna otra cosa que pueda ayudar a desarrollar una postura saludable? —preguntó el joven.

—Sí, por supuesto. El ejercicio equilibrado, una dieta nutritiva y unas emociones equilibradas son también muy importantes. Si los músculos están debilitados por la falta de ejercicio o por una nutrición pobre, no serán capaces de mantener adecuadamente a las articulaciones. Y del mismo modo, si mantenemos constantemente emociones negativas, nuestra postura resultará también afectada. Aunque podemos conscientemente controlar la postura, no podemos hacerlo cada minuto del día, por lo que a largo plazo las emociones siempre terminarán ganando.

»No estoy diciendo que corregir la postura corporal sea la solución para todos tus problemas, pues, como ya sabes, los secretos de la salud abundante son diez, y todos son importantes. Tampoco quiero decir que tengamos que pasarnos cada minuto del día sentados muy erectos y sonriendo, aunque no puedo dejar de imaginar lo maravilloso que eso sería. Lo que quiero decir es que una vez somos conscientes del poder de la postura corporal, podemos utilizarla para mejorar nuestra salud física y también como una ayuda para controlar nuestros estados emocionales.

Al terminar la entrevista, el joven dio las gracias al señor Townsend por su ayuda, y se fue. El dentista observó al joven mientras éste caminaba por el sendero de su jardín, y sonrió para sí al ver cómo mantenía la cabeza levantada. Una persona más que estaba comenzando a utilizar el poder de la postura.

****

Más tarde el joven resumía las notas tomadas.

Séptimo secreto de la Salud Abundante:
el poder de la postura.

— Una buena postura es vital para lograr una buena salud. La mala postura dificulta la circulación sanguínea, restringe el suministro nervioso y conduce a la enfermedad.
— La postura afecta al estado de ánimo y a las emociones, al igual que a la salud física.
— El primer paso para lograr una buena postura es ser consciente.
— Cada día dedica un tiempo a ser consciente de tu postura y a corregir los malos hábitos posturales adquiridos.
— La respiración profunda e imaginar que desde arriba tiran suavemente de la cabeza son de gran ayuda para crear una postura saludable.
— El secreto de la buena postura es el «equilibrio».

EL OCTAVO SECRETO

El poder del entorno

Peter Seagrove tenía cuarenta y cinco años, era jardinero paisajista y vivía en una cabaña en las afueras de la ciudad. El suyo era el octavo nombre que aparecía en la lista del joven, y éste sentía mucha curiosidad por conocerlo.

«¿Qué puede saber un jardinero acerca de la salud?», pensó el joven para sus adentros.

Al llegar lo recibió un hombre de corta estatura, aspecto saludable y piel bronceada. El señor Seagrove saludó con alegría al joven y apretó su mano calurosamente.

—El día está precioso. ¿Te importa que nos sentemos aquí fuera? —preguntó.

—En absoluto, va a ser muy agradable tomar un poco de aire puro para variar —dijo el joven.

El señor Seagrove condujo a su huésped por un sendero del jardín hasta la parte trasera de la cabaña, deteniéndose de vez en cuando para mostrarle alguna de las plantas y hierbas que allí crecían. Así llegaron a una ancha mesa de pino, y se sentaron a ella. El señor Seagrove sirvió a ambos un vaso de zumo de manzana recién exprimido y volviéndose hacia el joven, le preguntó:

—Entonces, ¿qué es exactamente lo que quieres saber?

El joven le contó su encuentro con el anciano chino.

—Entiendo –dijo el señor Seagrove.

—¿Quién es el anciano chino?

—No lo sé –respondió el jardinero–. Yo me lo encontré hará unos quince años. Entonces yo era una persona distinta. Pálido y débil, sufría de eczema crónico y también de depresión. Realmente me hallaba en un estado lamentable.

»Un día tuve una crisis que me cambió la vida. Fue un día en que me sentía particularmente mal, tanto que tuve que dejar el trabajo antes de tiempo para irme a casa. Subí en el ascensor y pulsé el botón para bajar. Unos pisos más abajo, se detuvo y entró en él un anciano chino de baja estatura. Las puertas se cerraron tras él y el ascensor continuó su descenso, hasta que de pronto se fue la luz y quedó detenido entre dos pisos. La última vez que se averió el ascensor tardaron más de tres horas en repararlo, por lo que ya te puedes imaginar cómo me preocupé. Cada vez me sentía más agitado; pensaba que la cabeza me iba a estallar.

»Me mantuve en silencio, pero en la oscuridad el anciano dijo: «No te preocupes, todo va a ir bien». Antes de que pudiera preguntarle a qué se refería, continuó: «Déjame ayudarte», y entonces sentí que su mano se posaba sobre la parte de atrás de mi cuello. Durante un segundo percibí un dolor muy agudo y seguidamente mi dolor de cabeza había desaparecido totalmente. Era como si él hubiera liberado algo, como si hubiese sacado un enchufe o como si hubiera dejado un grifo de agua fresca fluir libremente. No podía creerlo, aquello fue como un milagro.

»Le pregunté al anciano qué había hecho para liberarme del dolor, a lo que él respondió que había utilizado una antigua técnica que libera la tensión electromagnética del cuello, pues era eso lo que causaba mi dolor de cabeza. Como ya te imaginarás, yo estaba asombrado. ¿Cómo sabía él que me dolía la cabeza? Además, ¿qué era eso de tensión electromagnética?

»Me explicó que las radiaciones que emiten los aparatos de la oficina, ordenadores, fotocopiadoras, faxes y otros, distorsionan los campos magnéticos e interfieren en nuestra salud. Seguidamente comenzó a hablarme de los secretos de la Salud Abundante. Era la primera vez que yo oía que circunstancias muy comunes en nuestro estilo de vida podían tener un efecto tan grande sobre la salud.

Al joven no le parecía ya tan raro, aunque tampoco él imaginó nunca que sus pensamientos, su alimentación, su postura o cualquiera de los otros secretos de la Salud Abundante pudieran tener sobre la salud un efecto tan drástico. Sin embargo, día a día, estaba experimentando cambios muy reales.

—El anciano me dio una lista de personas que me ayudarían, y realmente todos lo hicieron. Sin embargo, lo que aparentemente más me ayudó fue la ley del entorno saludable.

—¿Qué quiere decir con eso? –preguntó el joven.

—La salud abundante no puede ser creada en un medio ambiente que no es sano. Mira, el ser humano no fue diseñado para trabajar sin aire puro, sin luz natural y con altos niveles de radiación. En parte el motivo de mi enfermedad había sido la oficina. Eso tenía cierto sentido, pues el trabajo suele ser el lugar donde pasamos la mayor parte de nuestra vida. Mi oficina estaba equipada con la tecnología más moderna: muchos ordenadores, luz artificial, aire acondicionado, etc. Todo esto crea elevados niveles de radiación, lo que genera un entorno antinatural y nada saludable.

»Entonces me hice consciente de cosas muy sencillas, pero que la mayoría de la gente nunca tiene en cuenta. Cosas que están frente a nuestras narices, pero no las vemos. Si lo que queremos es tener salud, debemos crear un entorno saludable. Debemos asegurarnos de que los lugares donde trabajamos, donde dormimos y donde vivimos son propicios para la salud. Está demostrado que el cuerpo humano necesita ciertas condiciones para sobrevivir.

»Empecemos con el aire. Podemos vivir durante semanas sin tomar alimentos, varios días sin beber agua, pero no más de tres minutos sin oxígeno. Sin embargo, mucha gente trabaja en oficinas y en fábricas con aire acondicionado. Es aire sucio y estancado que se recicla un día tras otro. ¿Cómo puede esto ser saludable? Para que nuestros pulmones reciban el oxígeno adecuado, es necesario abrir las ventanas de nuestras oficinas y de nuestros dormitorios.

El joven recordó su entrevista con la señora Croft, quien le habló de la importancia que tiene la respiración profunda. «Sin respiración, no hay vida», le había dicho ella.

Se dio cuenta de que igualmente se podía decir: «Sin oxíge-no no hay vida». Para él todo aquello tenía ya mucho senti-do. Era como un rompecabezas que pieza a pieza se iba armando en su mente.

—¿Y si resulta que la oficina está situada en una calle muy transitada? Al abrir las ventanas tan sólo respiraremos más humo y más suciedad –preguntó al señor Seagrove.

—En ese caso, hay tres opciones: cambiar de trabajo, pedir a tu jefe que instale un purificador de aire, o aceptar la situación y respirar aire sucio y contaminado. Por otro lado, está el tema de la luz solar. Incluso si tienes la suerte de tener en tu oficina una ventana cerca, lo más probable es que el cristal no sea transparente, lo que impide que la luz solar entre libremente.

—¿Por qué es tan importante la luz solar? –preguntó el joven–. Yo pensaba que el sol producía cáncer.

—En este mundo cualquier cosa en exceso es perjudi-cial y causará cáncer o cualquier otro tipo de enfermedad degenerativa. Es cierto que si expones tu piel excesivamen-te al sol se quemará, envejecerá antes de tiempo y quizás incluso llegue a desarrollar cáncer de piel. También es cier-to que últimamente este problema se ha incrementado al irse erosionando la capa de ozono, consecuencia también del abandono en que el ser humano tiene al medio ambien-te. Al ser esta capa de ozono mucho más fina, la protección que nos da contra los rayos solares disminuye, por lo que la piel se quema con más facilidad. Pero independientemente de todo esto, todos necesitamos luz solar, aunque no nece-sariamente debamos pasar horas bajo el fuerte sol del mediodía.

»En este planeta, toda forma de vida necesita la luz del sol para sobrevivir, y el hombre no es la excepción. Sin luz solar nuestro cuerpo no puede producir la vitamina D, y sin vitamina D no podemos metabolizar el calcio, que forma nuestros huesos y nuestros dientes. Sin luz solar la glándula pineal, que es un órgano diminuto pero muy importante situado en el cerebro, no puede funcionar. La glándula pineal ayuda a regular los niveles de azúcar en la sangre, también los niveles de numerosas hormonas, e incluso nuestras emociones. Por eso, en los países en los que pueden pasar muchos días sin verse el sol, es más frecuente el tipo de depresión conocida como «desorden afectivo estacional».

—Ya he oído hablar de ese desorden afectivo estacional –le interrumpió el joven–, pero ¿en qué consiste exactamente?

—Su causa es una falta de luz solar y puede generar una gran multitud de problemas adicionales, entre ellos fatiga crónica, ansiedad, depresión, sobrepeso, dolores reumáticos, tristeza e incluso desaparición de la libido. Ocurre principalmente en invierno y en general suele desaparecer al llegar la primavera. Se puede combatir instalando en el interior de casa unas luces fluorescentes especiales, cuya longitud de onda se aproxima mucho a la de la luz solar. Por supuesto, siempre es mejor utilizar luz solar.

—¿Y los otros factores medioambientales? Usted mencionó que también nos afecta la radiación electromagnética.

—Sí. La radiación que despiden los ordenadores, las impresoras láser, las fotocopiadoras, los tubos fluorescentes y otros equipos electrónicos con frecuencia alcanza niveles peligrosos para la salud. Existe una interesante evidencia que relaciona niveles elevados de estos tipos de radiación no sólo con dolores de cabeza y problemas cutáneos como el eczema, sino también con la leucemia y otros tipos de cáncer, e incluso con la infertilidad.

El joven estaba alarmado.

—¿Qué podemos hacer? —preguntó—. No todo el mundo puede fácilmente cambiar de trabajo.

—No, no todo el mundo puede, pero si no eres capaz de llevarte el trabajo a la naturaleza, lleva la naturaleza a tu trabajo. Abre las ventanas, consigue mejor calidad de luz y pon todas las plantas que puedas en tu puesto de trabajo.

—¿Cómo ayudan las plantas? —preguntó el joven.

—Las plantas domésticas son los mejores purificadores del ambiente. Experimentos realizados por la NASA han confirmado que las plantas comunes en casa eliminan la mayor parte de los gases tóxicos y de los contaminantes ambientales, absorbiéndolos a través de sus hojas y de sus raíces. También absorben y eliminan el exceso de radiactividad.

—¡Es increíble! —exclamó el joven—. ¿De este modo podemos crear un entorno saludable simplemente poniendo plantas en nuestro lugar de trabajo, permitiendo que entre el aire puro y más luz solar?

—Exactamente —dijo el señor Seagrove—. Pero más que por nuestro entorno laboral deberíamos todos preocuparnos por el medio ambiente planetario. ¿Qué esperanza pueden tener nuestros hijos y nuestros nietos si nuestra generación se dedica a contaminar las aguas, la tierra y el aire? Debemos darnos cuenta de que el futuro depende del presente, y de que si queremos restaurar el equilibrio en la naturaleza y crear un medio ambiente sano, de acuerdo con ella, debemos actuar ahora.

El joven nunca antes había pensado que las circunstancias de su entorno inmediato pudieran ser tan importantes para la salud y, por supuesto, nunca había contemplado la posibilidad de que él mismo pudiera influir sobre el entorno en el que vivía y trabajaba. Ahora se dio cuenta de que si todos tratásemos de mejorar nuestro medio ambiente inmediato —en el trabajo y en el hogar—, estaríamos creando salud y asegurando una vida más sana para las generaciones futuras.

$$****$$

Aquella noche el joven leyó las notas que había tomado.

Octavo secreto de la Salud Abundante:
La salud abundante no puede ser creada
en un entorno poco saludable.

— El aire limpio y puro y la luz solar son las claves de un entorno saludable.
— Si no puedes llevar tu trabajo a la naturaleza, lleva la naturaleza a tu trabajo.
— Cuida tu entorno inmediato y pon tu granito de arena para restaurar el equilibrio y la armonía ambiental en el mundo.

EL NOVENO SECRETO

El poder de la fe

El bramido de los truenos y el resplandor de los relámpagos despertaron al joven aquella noche. Se levantó y se quedó frente a la ventana mirando la tormenta. A veces tenía momentos de confusión como aquél, en los que no podía evitar preocuparse. A pesar del progreso realizado y de todo lo que había aprendido, había ocasiones en las que aquello le parecía demasiado increíble.

No había duda de que se sentía mejor, pero ¿no sería que su cuerpo lo estaba engañando? El día anterior, en el hospital, un médico le dijo que posiblemente la enfermedad estuviera en remisión. Las dudas y los miedos atormentaban al joven.

Seguidamente pensó en la siguiente persona de la lista, un médico jubilado llamado Emil Dobre. El joven esperaba que el doctor Dobre lo tranquilizaría, dándole más información acerca de los diez secretos de la Salud Abundante. Pero para ello tenía que esperar hasta el día siguiente.

Tanto el cabello fino y grisáceo del doctor Dobre como las arrugas de su rostro revelaban sus más de ochenta años, aunque hay que decir que sus ojos de color azul claro le conferían un cierto aspecto juvenil. Era evidente que se alegraba mucho de conocer al joven, que lo recibió con los brazos abiertos. Unas semanas antes el joven se había sentido muy incómodo ante el pensamiento de ser abrazado por un desconocido; sin embargo, ahora el saludo del anciano le pareció natural.

Un momento después estaban ambos sentados y el joven le contó al doctor sus preocupaciones.

El doctor Dobre le dijo, inclinándose un poco hacia delante:

—No necesitas preocuparte. Estás en el camino perfecto, y mientras sigas en él, cada vez te sentirás mejor. La palabra «remisión» es un término médico que a veces se usa cuando un paciente mejora espontáneamente sin ninguna interferencia médica. Muchos doctores no entienden el concepto de la Salud Abundante, y suponen que esa mejoría es debida a la suerte, pero tanto tú como yo sabemos que no es así, ¿no crees? —dijo con una sonrisa.

—El médico que me vio ayer era un especialista —insistió el joven.

—Eso lo explica todo —dijo el doctor Dobre—. ¿Sabes cómo definía George Bernard Shaw a los especialistas? Decía que un especialista es alguien que cada vez sabe más de cada vez menos cosas, hasta que finalmente ¡lo sabe absolutamente todo de nada en absoluto!

Ambos se rieron. Y el joven comenzaba a sentirse ya más tranquilo.

—Los secretos de la Salud Abundante –dijo el doctor– son como las estrellas: están ahí para que todos las veamos, pero para verlas tenemos que levantar los ojos hacia ellas. Muchas personas creen que la salud la dan los medicamentos y no buscan nada más. En la facultad, me enseñaron que el hombre es una máquina que puede ser revisada y puesta al día al igual que un coche. Me enseñaron que la clave de la salud son los medicamentos más modernos y mejores. Obtuve el título de médico en 1936, en la Universidad de Praga, pero fue durante la Segunda Guerra Mundial cuando realmente aprendí mi lección más importante en medicina...: el poder de la fe.

—¿Qué quiere usted decir? –preguntó el joven un poco perplejo.

—El hombre no es una máquina, somos algo más que carne y huesos. Tenemos espíritu, una esencia que es algo muy distinto a las moléculas y a las sustancias químicas. Todos tenemos un espíritu que puede elevarse muy por encima de las limitaciones del cuerpo.

El joven escuchaba atentamente mientras el médico siguió:

—Durante la guerra, estuve cuatro años en un campo de concentración alemán sobreviviendo con mínimas raciones de pan duro y una taza de agua caliente a la que ellos llamaban sopa. Podemos decir que allí no había ningún tipo de nutrición, ni vitaminas, ni proteínas, ni ningún nutriente.

Incluso hoy los científicos no pueden comprender cómo las personas sobrevivían tanto tiempo, con una alimentación casi inexistente.

—¿Y cómo sobrevivió usted? —preguntó el joven.

—Yo atribuyo mi supervivencia a una sola cosa: ¡la fe! Ya casi al final de la guerra sufría de disentería. Apenas podía comer nada y además perdía mucha sangre. El dolor era tan terrible que finalmente me vine abajo, pensando que lo mejor era morir. Todo lo que podía hacer en aquella situación era orar...

Las lágrimas empezaron a fluir de los ojos del doctor.

—Fue entonces cuando llegó tu amigo —musitó—. En mitad de la noche un anciano oriental se arrodilló a mi lado y me tomó la mano. Todavía puedo oír el eco de su voz: «Tenga fe, amigo —me dijo—. No va a morir, tenga fe». Permaneció conmigo toda la noche, pero cuando al día siguiente desperté se había ido. Aunque mi cuerpo estaba destruido, mi espíritu se aferró a la promesa del anciano. Al día siguiente terminó la guerra y todos los presos del campo de concentración fuimos liberados. A mí me sacaron en una camilla. Pesaba menos de cuarenta kilos, pero... —la voz del doctor Dobre tembló— el anciano oriental tenía razón... estaba vivo.

El joven tragó saliva. Le resultaba difícil imaginar que el hombre tan alto que tenía frente a sí pudiera haber llegado a pesar tan poco. El médico continuó:

—El anciano chino me salvó la vida, y me enseñó la lección más valiosa que he aprendido como médico.

—¿Qué lección es ésa? —preguntó el joven.

—Donde hay fe, hay vida.

—¿Qué quiere usted decir con la palabra «fe»?

—La fe, se ha dicho, es la sustancia de las cosas que esperamos, cosas cuya evidencia permanece invisible. La fe es una condición espiritual, una creencia en algo que no puede ser validado por los cinco sentidos. La fe es un poder espiritual con el cual lo imposible se convierte en posible. Es la solución a todos los problemas, la esperanza para toda desesperación y la luz al final de todos los túneles. La fe es una fuerza que puede mover montañas.

—Pero ¿fe en qué? –insistió el joven.

—Fe en la vida, fe en ti mismo y fe en un Poder Superior –respondió el médico–. Por supuesto, muchos en mi profesión llamarían a esto tontería, pero son gente que se niega a mirar hacia arriba, por lo que nunca podrán ver las estrellas.

—¿No podría ser que el poder de su mente tuviera que ver con su recuperación? –preguntó el joven–. Recientemente aprendí que con nuestra mente podemos curar el cuerpo, y que creer que vamos a mejorar con frecuencia genera una mejoría.

—Eso es muy cierto –respondió el señor Dobre–, pero la fe conecta al espíritu humano con un poder más elevado, más fuerte todavía que el poder de la mente. Permíteme preguntarte algo: ¿crees en Dios? Con esta palabra me refiero al creador de toda la vida, o a una Inteligencia Superior a la nuestra.

—No estoy muy seguro.

—Déjame que te muestre algo –dijo el médico mientras conducía al joven hacia otra habitación. En un rincón había un gran objeto de unos dos metros de alto, cubierto por una sábana. El médico caminó hasta él y tiró de la sábana, exclamando: «Aquí está», mientras aparecía ante el joven un sistema planetario accionado por un mecanismo de relojería. El anciano doctor pulsó un botón y todos los planetas del sistema solar comenzaron a moverse en sus órbitas alrededor del sol.

El joven miró asombrado, como hipnotizado por el movimiento y la sincronización de los planetas.

—¿Dónde ha conseguido usted esto? –le preguntó.

—¡Oh!, se formó él solo –sonrió el doctor Dobre–. Durante los últimos diez años las piezas se han ido formando a sí mismas hasta completar lo que estás viendo.

—No bromee. Dígame la verdad, ¿dónde lo compró? –insistió el joven.

—Ya te he dicho que evolucionó por sí mismo –respondió el médico.

—Es evidente que alguien debió de construir esta máquina –argumentó el joven.

—¡Ajá! Fíjate lo que has dicho. Insistes en que alguien ha debido de construir este mecanismo de relojería. Sin embargo, no es más que una pequeña y muy pobre imitación de la realidad.

»Nuestro sistema solar es infinitamente más complejo. La sincronización de la totalidad del universo no necesita de ningún mecanismo; sin embargo, las estrellas mantienen siempre su propia órbita. Mira, pensar que el universo y la vida que contiene han evolucionado por sí mismos o creer que la humanidad se desarrolló a partir de una ameba, simplemente con el paso de muchos miles de años, es más ridículo que pensar que este mecanismo planetario se haya formado él solo. Es como decir que el diccionario de la lengua se formó a causa de una explosión ocurrida en la imprenta. Donde hay un diseño, por fuerza debe haber un diseñador. ¿Entiendes lo que te quiero decir?

—Sí, lo entiendo.

—Para mí, la fe en un Dios o en un poder más elevado –en realidad no importa el nombre que le demos–, la fe en un poder más grande que nosotros es esencial para nuestro bienestar. Como está escrito: «El hombre no sólo vive de pan, sino también de toda palabra que sale del Dios vivo».

—Suena bonito, pero ¿qué significa exactamente? –preguntó el joven.

—Significa que necesitamos algo más aparte del alimento físico. El ser humano precisa también alimento espiritual.

—¿No querrá usted decir que para estar sano uno debe creer en Dios? Conozco mucha gente que es atea y disfruta de buena salud.

—Por supuesto, se puede sobrevivir, se puede vivir la vida sin creer en Dios, pero difícilmente se podrá tener felicidad duradera y salud abundante sin esa creencia. Mi experiencia como médico me ha confirmado que la fe es uno de los factores más importantes en la curación. Y no soy el único que tiene este punto de vista. El profesor Claude E. Forkner, anterior presidente de la Sociedad Neoyorquina del Cáncer, dijo en una ocasión: «Muchas veces, no sabemos exactamente qué es lo que causa la recuperación del paciente. Estoy completamente seguro de que, con frecuencia, el factor más importante es la fe».

»Por su parte, el doctor Elmer Hess escribió: «El médico que entra en la sala del hospital no va solo. Él únicamente puede administrar al enfermo las herramientas de la medicina; la fe en Dios hace el resto».

»La fe crea confianza y paz mental, y libera una fuerza que puede hacer milagros. Se ha demostrado que es un factor vital en quienes se recuperan de enfermedades supuestamente «incurables»; por eso merece ser considerada como algo importante en la creación de la Salud Abundante.

»Lo contrario a la fe –siguió hablando el doctor– es la duda, el miedo, la ansiedad y la preocupación. Todos ellos destruyen la salud. Tal vez por eso quienes mantienen una fe sincera no sólo están más sanos que los demás, sino que cuando caen enfermos se recuperan mucho antes.

»Si tu fe es lo suficientemente fuerte no sólo te ayudará a ti mismo, sino también a otros. Si piensas sobre ello no te parecerá tan extraño. Todas las escrituras religiosas nos hablan de curaciones a través de la fe. La Biblia nos relata cómo el profeta Elías curó a un niño moribundo y, por supuesto, las referencias a las curaciones realizadas por Jesús con el poder de su fe son muy abundantes.

El joven pensó en algunas de las personas que había visitado y que, según ellas, habían sido salvadas simplemente al tocarlas el anciano chino. Pensó que el anciano había utilizado el poder de su fe para ayudarles.

—Es decir, que hay en este mundo un poder mucho más grande que el hombre y que todas las máquinas. Un poder disponible para todos, en cualquier lugar y en cualquier momento.

—¿Quiere usted decir que la fe puede curar cualquier cosa?

—El poder de la fe es ilimitado, pero por supuesto, como también está escrito: «La fe sin actos no sirve de nada». Si seguimos viviendo nuestras vidas en contra de las leyes de la naturaleza, a largo plazo, toda la fe del mundo no podría ayudarnos, pues nada puede escapar a la ley de causa y efecto.

—¿Y cómo puede uno hallar la fe? –preguntó el joven–. Yo no he tenido una educación religiosa.

—Para creer en un poder superior no necesitas pertenecer a ningún grupo religioso. El Creador del universo es el creador de cada uno de nosotros y de todo cuanto existe en este mundo, no sólo de un grupo selecto de personas. Recuerda, la fe no tiene nada que ver con la religión, es algo que está en tu interior. Para hallarla, todo lo que necesitamos hacer es buscar. Aunque, a veces, uno es afortunado y le ocurre algo que le muestra el camino.

—¿Qué tipo de suceso? –preguntó el joven.

—Bueno, ¡tal vez una crisis! –dijo el médico–. Una crisis es como una tormenta en la noche, puede dispersar las nubes de la confusión y dejar el cielo limpio. Después, si miras hacia arriba, podrás ver las estrellas. Durante mucho tiempo estuve convencido de que el chino había sido un sueño. Ninguno de los supervivientes del campo de concentración lo había visto, y yo tampoco lo vi nunca más, ni antes ni después. Pero un día, más de un año después, tuve la confirmación de que era muy real.

—¿Qué ocurrió? –preguntó el joven.

—Alguien, al igual que tú, llamó un día a mi puerta —sonrió el médico.

****

Aquella noche el joven permaneció mucho rato despierto en la cama, anotando su conversación con el doctor Dobre.

Noveno secreto de la Salud Abundante: el poder de la fe.

- La fe es el poder espiritual mediante el cual lo imposible se hace posible.
- La fe conecta al espíritu humano con un Poder Superior.
- Para lograr la Salud Abundante, es preciso algo más que alimento físico. Necesitamos también alimento espiritual.
- La fe libera una fuerza que puede hacer milagros.
- Lo opuesto a la fe es el miedo, las dudas, la ansiedad y la preocupación.
- La fe sin actos no tiene ningún valor.

Fuera el viento soplaba y la lluvia golpeaba los cristales de la habitación. Al rato la tormenta pasó y todo quedó en un pacífico silencio. El joven se levantó, se acercó a la ventana y miró hacia fuera. «Bueno, ¿qué sabes tú?», se dijo despacio a sí mismo. El cielo nocturno estaba iluminado y lleno de un mar de brillantes estrellas. En ese momento todas sus dudas, sus miedos y sus preocupaciones comenzaron a disiparse.

El poder del amor

Habían pasado ya cuarenta días desde que el joven inició su búsqueda. Durante ese corto periodo de tiempo no sólo aprendió mucho acerca de la Salud Abundante, sino que había puesto en práctica gran parte de ese conocimiento.

Cada día dedicaba un tiempo a realizar visualizaciones y afirmaciones curativas, hacía ejercicios de respiración profunda y se aseguraba de practicar también algún tipo de ejercicio físico. Había cambiado su dieta, y era mucho más consciente de su postura. Dedicaba un esfuerzo especial a descubrir motivos para sonreír y reír, y llenó su casa y su oficina de plantas, a fin de crear un ambiente más saludable. Descansaba, tanto física como mentalmente, y por primera vez tenía fe en sí mismo y en la vida.

El joven había estado viviendo según las leyes de la Salud Abundante, y nunca se había sentido mejor. Para su gran sorpresa y contento, los síntomas de su enfermedad habían desaparecido totalmente.

No sabía qué podía aprender más, pero todavía quedaba un nombre en la lista. Se trataba de la señora Edith James. Mientras llamaba a su puerta tenía sentimientos encontrados. Por un lado sentía emoción y curiosidad, y por otro cierta aprensión.

La señora James era una anciana con mejillas sonrosadas y ojos sonrientes. Irradiaba una calidez casi tangible, y una especie de resplandor que la rodeaba le hizo al joven recordar al anciano chino. Instintivamente supo que la señora James era una persona muy especial.

—Debo decirte que ésta es una agradable sorpresa –le dijo al joven–. Por lo que me contaste por teléfono, parece que conociste al señor Dow.

—No sabía que ése fuera su nombre.

—Bueno, en realidad yo tampoco lo sé con seguridad, pero es el nombre que yo le puse.

—¿Por qué? ¿Qué significa? –preguntó el joven.

—Bueno, *Dow* en realidad es lo mismo que T-A-O. Es una palabra china que significa «camino» o «sendero». Le di ese nombre porque él me guió hacia el sendero de la salud. De esto ya hace más de cincuenta años, pero lo recuerdo como si hubiera ocurrido ayer. Yo estaba aquejada de una enfermedad muy peligrosa: tuberculosis. Pero no tenía ni idea de lo grave que era mi situación hasta que por casualidad escuché a un médico hablando con una enfermera fuera de mi habitación. El médico le estaba dando instrucciones de que viniera a verme cada dos horas. Al preguntar ella por qué, él le respondió algo que nunca olvidaré. Le dijo que me diera cualquier alimento que yo pidiese, pues me quedaba menos de un mes de vida.

»Como imaginarás, me quedé totalmente anonadada. No me sentía preparada para morir. Tan sólo tenía veintitrés años. Tras el *shock* inicial, me pasé el resto del día con los ojos firmemente cerrados, orando. Al atardecer, un anciano chino llamó a la puerta ofreciéndome revistas para leer. Yo no estaba de humor para eso, pero su sonrisa era muy cálida y me dijo que había traído una revista especial para mí, por lo que accedí. Se quedó conmigo unos momentos, y charlamos sobre varias cosas, pero rápidamente el tema de conversación fue la salud. Fue entonces cuando por primera vez oí hablar de los secretos de la Salud Abundante. El anciano me dio una lista de personas que, según dijo, me ayudarían. No pude evitar el llanto, pues sabía que iba a morir pronto. El anciano vino hasta mí y me rodeó con sus brazos, diciéndome que todo iba a ir bien. Lo último que me dijo fue: «En la revista hay un mensaje especial para usted; por favor, léalo».

»Después que se hubo marchado y yo paré de sollozar y me sequé los ojos, tomé la revista y comencé a leer. Fue una suerte que lo hiciera, pues realmente contenía un mensaje muy especial para mí, que me salvó la vida.

El joven se sentó, escuchando como hipnotizado.

—Seguramente te preguntarás qué tipo de mensaje pudo salvar la vida a una joven moribunda –siguió diciendo la señora James–. No era nada acerca de la salud o de la medicina, sino que se trataba de un simple artículo. Pero para mí no fue un relato ordinario, pues parecía que estaba contando exactamente la vida de mi padre. Mis padres se divorciaron cuando yo tenía tan sólo cinco años y desde entonces no volví a ver a mi padre ni oí hablar de él.

»Él era un arquitecto importante, y siempre asumí que yo no le importaba. Mi madre y yo nos cambiamos de casa y nunca recibí de él ni siquiera una tarjeta de felicitación por mi cumpleaños. Pero aquella revista me reveló la verdad. El artículo en cuestión describía a un frustrado arquitecto, nacido en la ciudad donde nació mi padre, que fue a la misma escuela y que estudió en la misma universidad que él. Posteriormente se casó con una hermosa rubia austriaca quince años más joven. Tras romperse el infeliz matrimonio, al arquitecto se le negó ver a su hija. Tenía que ser él. El relato explicaba cómo le escribía muchas cartas a su hija y le mandaba siempre regalos por Navidad, pero ni una sola vez recibió respuesta, ni siquiera acuse de recibo. Finalmente, catorce años después, dejó de insistir, se casó de nuevo y creó otra familia.

»Durante toda mi vida sentí que mi padre no me quería, y sin embargo, durante todo ese tiempo él pensó que quien no lo quería era yo. La verdad, por supuesto, había sido que el odio y la amargura de mi madre le hicieron ocultar todas las cartas y los regalos. Durante todos aquellos años me incitó a odiar a mi padre. Ahora, en mi lecho de muerte, por primera vez en mi vida supe que él me amaba y se preocupaba por mí. Entonces decidí que antes de morir, le haría saber que yo también lo amaba.

»Al terminar de leer el artículo decidí telefonear a mi padre inmediatamente. Desconocía su número de teléfono o incluso su domicilio, pero en el artículo se mencionaba la ciudad donde vivía, por lo que no fue difícil conseguir su número. Hacía casi veinte años que no hablaba con él, por lo que al oír su voz estallé en llanto.

»A la mañana siguiente mi padre estaba junto a mí, tomándome de la mano. Fue una sensación extraña, muy difícil de explicar, pero me sentí como si me hubieran dado un elixir milagroso. Recuperé el apetito y en pocos días estaba caminando por los hermosos jardines del hospital, siempre con mi padre. Saboreé el aire fresco que venía de las montañas, así como el aroma de las rosas.

»Durante todo ese tiempo los médicos me estuvieron monitorizando, tomando con frecuencia muestras para saber el progreso de la enfermedad. Hasta que un día, cuando mi padre y yo estábamos sentados en un banco del jardín, llegó un médico corriendo con unos papeles en la mano. En esta ocasión el examen había dado un resultado negativo. Difícil de creer, pero no quedaba ninguna señal de la tuberculosis. Después de todo, parece que iba a seguir viviendo.

—Debe de haber sido una sensación increíble –dijo el joven.

—Te aseguro que sí. Aquel mismo día, por la tarde, me di cuenta de que nunca le había dado las gracias al anciano chino que me trajo la revista, y que nunca le dije cómo gracias a aquella revista me había vuelto a reunir con mi padre. Así que fui al departamento de personal del hospital y pedí que por favor me pusieran en contacto con el anciano chino que había estado entregando revistas a los enfermos de mi planta. Pero...

—No hace falta que prosiga —interrumpió el joven—. No tenían conocimiento de que hubiese ningún chino trabajando en el hospital.

—Así fue —sonrió la señora James.

—¿Por qué cree usted que tuvo una recuperación tan espectacular? —preguntó el joven, cambiando de tema.

—Como te imaginarás, los médicos estaban totalmente asombrados. Yo creo que mi recuperación probablemente se debió a una combinación de varios factores: la dieta, el aire puro de la montaña, la oración y el ejercicio físico. Aprendí la importancia de todos ellos después de salir del hospital, gracias a una lista de personas que me había entregado el anciano. Pero no tengo ninguna duda de que el factor más importante en mi recuperación fue algo de lo que raramente se habla en la medicina y en la curación, y no es otra cosa que... el poder del amor. Ya sé que parece algo raro, pero te aseguro que ésta es la verdad.

—¿En serio? —preguntó el joven—. ¿El amor es lo que ayudó a curar su tuberculosis?

—Definitivamente. Las antiguas escrituras con frecuencia califican el amor como la mayor fuerza del universo. ¡El amor todo lo puede!

»Una vez leí una historia ocurrida a un viajero en las frías praderas de Norteamérica, que ilustra claramente el poder del amor. En uno de sus viajes en pleno invierno, el viajero se extravió entre dos pueblos, en medio de una terrible tormenta de nieve. Congelado y exhausto, llegó a un punto en el que ya no podía seguir más, por lo que se dejó caer al suelo a esperar la muerte. Pero un instante después oyó claramente el llanto de un niño. Se levantó rápidamente y caminó hacia donde había oído el llanto, hasta que pronto halló a una niña acostada sobre la nieve. Tomó a la niña y, manteniéndola con fuerza contra su pecho para conservar el calor, siguió caminando para salvarle la vida. A menos de cien metros de allí pronto vio una cabaña de troncos: era la casa de la pequeña. El viajero salvó la vida a la niña, y al mismo tiempo, salvo también la suya.

»Así es el verdadero amor, el amor incondicional, que no espera nada a cambio, pues el premio es el mismo hecho de amar. Al ayudar a los demás nos estamos ayudando a nosotros mismos. En el universo hay muchas leyes, todas ellas exactas y certeras, pero la más grande de todas es la Ley del Amor, ya que el amor sobrevive a todo. Es la mayor fuerza del universo. El amor nos permite vencer cualquier adversidad, vencer todos los problemas... y todas las enfermedades. Yo creo firmemente que el amor es un elemento muy importante que ayuda a vencer muchas enfermedades y que, con demasiada frecuencia, no se le tiene en cuenta. No me cabe la menor duda de que sin mucho amor, no es posible obtener la Salud Abundante.

—¿Y por qué el amor es tan importante para la salud? –preguntó el joven.

—El amor es tan importante para la salud porque es la esencia de la vida. Sin él, la vida pierde todo su propósito y su significado, y la persona termina deprimida. Los opuestos al amor son el odio, el egoísmo, la ira y el resentimiento; todos ellos crean venenos en el cuerpo, que nos matan con la misma seguridad que si se tratara de los más tóxicos venenos químicos. El amor alimenta a la mente, al cuerpo y al espíritu. Una y otra vez se ha visto que los enfermos que se sienten queridos se recuperan mucho antes que aquellos que no se sienten amados.

—¿Por qué ocurre eso? —preguntó el joven.

—Cuando nos sentimos amados, se incrementa el número de glóbulos blancos y ciertas hormonas son vertidas en la sangre. Son hormonas que ayudan a soportar el estrés y el dolor; así la disposición del paciente se transforma totalmente. Hace algunos años se llevó a cabo un experimento muy interesante en un hospital de Londres, que demostró fehacientemente que el amor favorece la curación. Normalmente, la noche anterior, el cirujano visitaba a los pacientes que iba a operar al día siguiente y les explicaba la naturaleza de la operación. En esa ocasión, sin embargo, el cirujano tomó a los pacientes de la mano y fue con ellos más amoroso de lo habitual. Desafiando toda la práctica clínica, esos pacientes se recuperaron hasta tres veces más rápido que lo que era usual.

»El amor es un elemento crucial, no sólo para vencer la enfermedad, sino también para conservar la salud. Muchas personas se ponen enfermas porque no se aman a sí mismas. No se sienten amadas, son infelices y, muchas veces, tienen problemas en sus relaciones personales. Sin embargo, el amor está disponible para todos. Y hay una manera en la que podemos estar seguros de recibir amor.

—¿Cuál es? —preguntó el joven.

—Recibimos amor... ¡siempre que lo damos!

—Creo que sé a qué se refiere —dijo el joven—. Cada vez que ayudo a alguien, o simplemente hago sonreír a alguien, me siento muy bien.

—Exactamente –dijo la señora James–, y cuanto más damos, más recibimos. Y cuanto más amamos, mejor nos sentimos. Es algo maravilloso, ¿no te parece?

La anciana le tendió una placa.

—Esto lo dice todo. Es un pasaje escrito por Emmett Fox en su libro titulado *El Sermón de la Montaña*.

En la placa estaban grabadas las siguientes palabras:

No existe dificultad que un amor suficiente no pueda solucionar; no hay enfermedad que un amor suficiente no pueda curar; no hay puerta que suficiente amor no pueda abrir; no hay golfo que suficiente amor no pueda cruzar, ni muro que el amor suficiente no pueda derribar, ni pecado que el amor suficiente no pueda redimir...

No importa lo profundamente enraizado que esté el problema, ni lo desesperada que parezca la situación..., la realización del suficiente amor lo disuelve todo. Si pudieras amar lo suficiente, serías el ser más feliz y más poderoso del mundo...

****

Más tarde, aquel mismo día, el joven releyó las notas que había tomado.

Décimo secreto de la Salud Abundante:
el poder del amor.

— El amor es la fuerza curativa eterna.
— El secreto para recibir amor es darlo.

EPÍLOGO

Habían pasado ya cinco años y el joven era más viejo y más sabio. Se había convertido en escritor y conferenciante; estaba especializado en medicina natural y se dedicaba a transmitir a otros el conocimiento que le había cambiado la vida. Enseñaba con el ejemplo, viviendo cada día con absoluto respeto a las leyes de la Salud Abundante.

Recordaba el día en que, exactamente diez semanas después de la primera visita, volvió al médico. Fue un momento de gran ansiedad, mucho más que la visita inicial, dos meses y medio antes. El médico estaba sentado en silencio frente a él, leyendo los resultados de los recientes exámenes. Así transcurrieron dos minutos, que al joven le parecieron horas. Finalmente, se quitó las gafas y miró a su paciente.

—Bien —dijo sonriendo—, me alegra mucho poderle decir que todos los análisis han salido negativos. Está usted totalmente curado. Debo también decirle que en los treinta años que llevo practicando la medicina no he visto una recuperación tan espectacular.

El joven cerró tras de sí la puerta de la consulta y, cruzando la sala de espera, salió de la clínica. Al llegar a la entrada principal, su corazón comenzó a latir más rápido y su paso se aceleró. Salió por las puertas giratorias y con los puños apretados y mirando hacia arriba lanzó un grito con toda la potencia de su voz...

—¡¡¡SÍÍÍ!!!

Los secretos de la Salud Abundante lo llevaron de la desesperación de la enfermedad a la alegría de la Salud Abundante. En los cinco años transcurridos, no había pasado un solo día en que no se acordase del anciano chino que le ayudó a cambiar el curso de su vida. Ahora comprendía qué regalo más extraordinario fue su enfermedad, pues gracias a ella había llegado a tener una vida mucho más rica y completa. Le hubiera gustado mucho poder contarle al anciano todo lo que le había ocurrido a consecuencia de su encuentro con él. Le hubiera gustado decirle que ahora entendía lo que él le quiso decir entonces y también hubiera querido darle las gracias por su ayuda.

Pero el sonido del teléfono interrumpió sus pensamientos. Era una mujer que le preguntó si podía verle. Le habían dicho que él le podría ayudar. ¿Sería posible verlo cuanto antes?

—¿Qué le parece mañana, a las tres de la tarde?

—Sería maravilloso, ¡muchas gracias! —exclamó la mujer—. Le estoy muy agradecida, me han dicho que usted me va a poder ayudar.

—Haré todo lo que pueda —le aseguró él—, pero dígame, ¿quién le ha dado mi número de teléfono?

—Me temo que ni siquiera sé su nombre. Lo conocí esta mañana. Me dijo que era un amigo suyo... Es un anciano chino.

El joven sonrió para sí mientras colgaba el teléfono y con una voz apenas audible musitó:

—Que Dios le bendiga, dondequiera que se encuentre, doctor Tao.

ÍNDICE